白水iクラシックス

# キリスト教の精神とその運命

G.W.F. ヘーゲル
細谷貞雄・岡崎英輔 訳

白水社

# キリスト教の精神とその運命

G. W. F. Hegel
Der Geist des Christentums und sein Schicksal
(aus《Hegels theologische Jugendschriften》
herausgegeben von Dr. Herman Nohl, 1907)
J. C. B. Mohr, Tübingen

目次

## 凡例

一、本書は、ヘルマン・ノールが編纂した『若きヘーゲルの神学論集』（*Hegels theologische Jugendschriften*, ed. H. Norl, 1907）に収録されている『キリスト教の精神とその運命』（Der Geist des Christentums und sein Schicksal）を訳出底本とした。

一、本書はヘーゲル生前には刊行されず未定稿のまま手稿の状態で残されたもので、もともと表題も目次もなく、多数の削除や加筆、叙述を中断しての図式的展望の素描、叙述内容の重複が散見される。このため訳出に際しては、ノールが《本文》と認定した部分のみに限り、各章の見出しは訳者が独自に付した。なお、原題の Der Geist des Christentums und sein Schicksal もノールの考案である。

一、本文中の（　）はヘーゲルによるものである。

一、本文中の〔　〕は訳者が補ったことを示す。

一、本書は、小社刊「現代キリスト教思想叢書」第五巻（一九七四年）に収録された「キリスト教の精神とその運命」を一部改訂したものである。

## 愛と疎外のドラマ

ヘーゲルの哲学体系では、「宗教」は第三部第三篇「絶対精神」の項に「芸術」「学問」と並んで登場する。芸術・宗教・学問の三つが国家を支える精神的土台であるとともに、人類史が作り出してきた共同の精神的成果であるという位置づけだ。

そして、宗教の最終的な完成態がキリスト教だとされる。中国の易、儒教、道教や、インドのバラモン教、仏教や、ペルシアのゾロアスター教や、ユダヤ教や、古代ギリシア・ローマの多神教などを理性的に統一し、宗教を完成形へと導いたのがキリスト教だとされる。とりわけ三位一体の教義が神と人間との関係を深く洞察した宗教思想として高く評価される。

それがヘーゲルの宗教観の到達点だとすれば、『キリスト教の精神とその運命』は若きヘーゲルが宗教の問題に取りくみ始めたばかりの頃の宗教観を示すものといえる。宗教はいまだ国家の精神的土台ではないし、人類共同の精神的成果ではない。もっとずっと否定的なすがたを取って――いうならば、民衆の生活と精神を疎外し抑圧するものとして――あらわれている。

とはいえ、ユダヤ教がキリスト教へと移りゆく、その転換点に立つイエスについて、ヘーゲルの記述はけっして否定的ではない。イエスの愛の思想を語る場面では、ヘーゲルは深い共感をもってその弁証法的な思考を展開しているといっていい。

にもかかわらず、キリスト教は疎外と抑圧の宗教たることをまぬかれなかったし、いまなおそのようなものとしてヘーゲルの前にある。なぜか。その疑問こそが『キリスト教の精神とその運命』の根本のモチーフだった。

長谷川　宏

# 第一章　ユダヤ教の精神とその運命

名実ともにユダヤ民族の父祖であるアブラハムから、この民族の歴史が始まる。すなわち、アブラハムの精神は、その子孫たちのあらゆる運命を支配した統一〔的な原理〕であり、魂なのである。この精神は、それがさまざまな勢力に拮抗して戦うにつれて、また――それが〔外来の〕勢威や誘惑に屈した場合には――異質の要素を混えて不純になるにつれて、そのつど姿をかえて現われてくる。すなわち、アブラハムの精神は、さまざまな形姿で武装し抗争し、あるいはいっそう強大な相手勢力の桎梏を負うて、姿を現わしてくる。そして、この精神が帯びるこれらの形姿が、すなわちその運命と呼ばれるものなのである。

人類の発展がアブラハム以前にたどった道筋について――自然状態の喪失に続いて生じた野蛮状態が、さまざまな道を通って、ひとたびは破壊された和合状態へ再び立ち帰ろうとしていたこの重要な時期について――われわれの手もとに伝えられているものは、ごくわずかなおぼろげな痕跡だけである。ノアの洪水が人びとの心に刻みつけた印象は、深刻な断絶の情であらざるをえなかった。そしてその結果は、自然にたいするはかり知れない不信であらざるをえなかった。それ以前には親しみ深く穏やかであった自然が、一転してその諸元素の均衡から逸脱し、人類がかつて自然にたいして抱いていた信頼に、いまやきわめて破壊的な、きわめて制御しにくい、全く不可抗的な敵意をもって報いたのであり、愛の差別によって何ものかを容赦することもなく荒れ狂い、すべてのものの上に狂暴な荒廃をふり注いだのである。敵意を帯びた大自然の諸元素が惹き起こしたこの全面的な人間殺戮にたいしては、この印象に反応する二、三の現象があったことを、歴史がわれわれに暗示している。いまや敵対的となった自然の猛威に対抗して人間が存続しうるためには、自然が支配されなければならなかった。そして〔二分された〕全体は理念と現実へ二分されるよりほかはないのであるから、支配の最高の統一〔的原理〕は、思惟されたもののなかにあるか、それとも現実的なもののなかにあるか、のいずれかである。ノアは、引き裂かれた世界を理念的なもののなかで繋ぎ合わせた。彼が思惟した理想を、彼は〔まことの〕存在者とし、そしてこれにたいしてすべてのものを、思惟されたもの、すなわち支配されたものとして対立させた。この理想は、それに奉仕する大自然の諸元素を拘束して、もはやいかなる洪水も人間たちを滅ぼすことがないようにすることを彼に約束した。このような支配を受ける生き物たちのうちで、その理想は人間たちに律法を課し、彼らが互いに自己を抑制し合い、殺し合いをしないようにと命じた。この制限を踏み越えるような者は、ただちにかの理想の威力下に引き渡され、すなわち生命を奪われるであろうというのである。人間がこのように支配されることの償いとして、それはまた人間が動物を支配することを許した。それは、植物と動物の殺害という、生き物を引き裂くこの一事を裁可し、必要に迫られた敵対行為を合法的支配として認めたけれども、しかし生き物はさすがに尊重され、動物の生き血をすることはまだ禁じられていた。それは、血には生命が、すなわち動物の魂が宿っているとされていたからである（創世記九の4）。

ノアとは正反対に、ニムロデは（ここでモーゼの諸書にヨゼフスのユダヤ古代誌第一巻第四章がニムロデについて物語っている適切な記事を読み合わせることが許されるならば）、人間のうちに統一〔の原理〕をおき、人間を〔まことの〕存在者と定めた。それによるとこの存在者は、他のもろもろの現実的なものを思惟されたものと化し、すなわち殺害し、支配するのである。ニムロデは自然の支配を推しすすめて、自然がもはや人間にとって危険なものとなりえないようにしようと試みた。彼は自然にたいして防御態勢を構えた。彼は「鉄腕を頼みとする向こうみずな反抗者であった。万が一、神が再び世界を洪水で氾濫させようという気を起こすようなことがあれば、それに十分に抵抗するだけの力と手段を存分に行使するつもりだと彼は威嚇した。すなわち彼は、いかに巨大な波浪もとうてい及びえない高い塔を築き、このようにして祖先の滅亡の復讐をする決意を表明したのである（エウセビオスの伝えるエウポレモスの記す別伝によれば、かの洪水を逃れて生き残った人びとが、その塔を実際に建てたという）。彼は人びとに、善いものはすべて、人間たちが自分の勇気と力とで獲得したものなのだと説き聞かせた。このうして彼はすべてを変革し、わずかのあいだに専制支配を打ち立てた」。互いに不信を抱いて疎縁になり、いまや散り散りになろうとしていた人びとを彼は再び統合したが、かつての快活な、互いに信頼し合い、自然に信頼を寄せる社会生活へ和合させたのではなかった。彼は人びとを結束させたが、それは暴力によってなされたのであった。彼は城壁を築いて洪水を防ぎ、彼は狩人であり王であった。このようにして、窮迫との戦いのなかで、大自然の諸元素、動物たち、そして人間たちは、より強い者の――しかしやはり一人の生ける者の――律法を背負わなければならなかったのである。

敵対的になった〔自然の〕威力に対抗して、ノアはこの自然と自己とを、より強力な威力に屈服させることによって安全を図り、ニムロデはみずからその自然を制圧することによって安全を図った。両者ともに、敵〔となった自然〕と窮余の和睦を結び、こうして敵対関係を恒久化した。彼らはどちらも、敵と和解することがなかった。これにたいして、デウカリオンとピュラというより美しい夫妻は〔ギリシアをおそった〕大洪水のあとで、人間たちを再び世界との親愛関係へ――自然へ――招き入れ、喜びと楽しみをもって人間たちに窮迫と敵意を忘れさせ、愛の和睦を結んだ。こうして彼らは美しい民族の始祖となり、そして彼らの時代をば、その青春の美しさを保ちつづける新生の自然の母とならせたのである。

アブラハムはカルデアに生まれ、すでに青年時代に父とともに祖国を立ち去っていたのであるが、いまメソポタミアの広野で、いよいよ彼の家族からも離別した。それは全く独立不羈の男となり、みずから首長となるためであって、侮辱され追放されたためではない。その離別には、不法や残酷な仕打ちを受けたあとで、傷つけられても失われることはなく新たな祖国を求め、そこで花咲いてみずからを享受しようとする愛のやみがたい欲求のあることをうかがわせる心の痛みはなかった。――アブラハムがそれによって一民族の父祖となる最初の行為は離叛である。その離叛は、共同生活と愛の絆を、アブラハムがそれまで人びとと自然とともに生きてきたさまざまな関係の全体を、引き裂くのである。青年時代のこれらの美しい関係（ヨシュア二四の3）を、彼はことさら突き放したのであった。

カドモスやダナオスらも祖国を立ち去っていたが、しかし彼らは戦いつつ立ち去ったのであり、愛しえんがために彼らが自由でありうるような天地を捜し求めたのであった。アブラハムは、愛したいと思い、それゆえに自由になりたいと思ったのではなかった。カドモスやダナオスらは、彼らの祖国ではもはや許されなくなっていた汚れない美しい和合のなかで生きえんがために自由を求めたのであり、彼らはこれらの神々を胸に抱いて立ち去ったのである。──アブラハムは、これらの関係そのものから自由になろうとした。カドモスやダナオスらは、彼らの柔和な芸術と習俗とを通じて、より粗野な原住民を惹きつけ、彼らと交わって快活で社交的な一民族を形成した。──ところが、アブラハムをその親族たちから引き離したその同じ精神は、やがて彼の後半生において彼が遭遇した異郷の人間たちのあいだでも、彼を導きつづけた。それは、すべてのものにたいして頑なな対立関係のうちに身を持しようとする精神であり、無際限な敵対的な自然を支配すべき統一原理にまで高められた観念的なもの〔思惟されたもの〕であった。というのは敵対的なものは、支配の関係にしか立ち入りえないからである。──アブラハムは、彼の畜群を率いて果てしない大地を漂泊し、彼はこの大地の一区画にも、耕作と美化によって親和し愛着して、それらの土地を自分の世界の一部として迎え入れるようなことがなかった。土地はただ、彼の家畜が牧草を喰い尽くしたにすぎない。水は深い井戸のなかに、生命の動きもなしに止まっていた。それは苦労して掘り出され、高値で購われ、あるいは争って取得された水であり、彼と彼の家畜にとって、腕ずくで得られた財産、窮乏をしのぐ必需物であった。彼にしばしば緑陰の涼しさを与えてくれた森からも、彼はまもなく立ち去った。彼はそれらの森のなかで、彼の神の示現、彼の全き高き客体の顕現に接したが、しかしそれらのもとにさえ彼は愛の心をこめて留まって、それらの森を神にふさわしく神々しいものにすることがなかった。彼はこの世では、土地にたいしても人間にたいしても異郷人であり、人びとのあいだではどこまでも他所者でありつづけた。けれども彼も、他の人間たちにたいして全く無関心、没交渉でいられるほど隔絶自足していたわけではない。土地にはすでに人びとが定住していて、彼は行旅のあいだに、すでに小さな部族集団を成していた人びととたえず遭遇した。しかし、彼はそのような人間関係に関わりをもとうとしなかった。彼はまた、彼らから穀物を購う必要があったが、それにもかかわらず、彼は、他の人びととの定住的な共同生活の機会を与えそうな運命には逆らいつづけた。彼は彼の疎隔に固執しつづけ、そしてこれを彼と彼の子孫に課した肉体的特徴によっても目だたせたのである。エジプトやゲラルにおいてのように、すこしも悪気のない国王たちのところでも、自分より優勢な者にたいすると、彼は疑い深く策略や遁辞を弄して切りぬけ、——逆に五王の場合のように、自分のほうが優勢だと思うときには、彼は剣をふるって襲いかかっていった。彼を厄介な目にあわせる心配のない人びとに接するときにも、彼は用心深く法的な関係の枠内で応待した。必要なものは、すべて金で購った。サラを葬るための墓地を贈ろうというエフロンの善意の申し出を、彼は断固としてはねつけ、こうして、自分と対等な者に恩義を感じなければならぬという関係にはまりこむのを避けた。彼は息子がカナン生まれの女を娶ることを許さず、息子には、遠く離れて住んでいた彼の親族から連れてきた女をめあわせたのである。

〔アブラハムにとって〕絶対的に対立している世界全体は、仮に虚無ではないとすれば、それに疎縁な神によって支えられていた。自然のうちのいかなるものも、神にあずかることなく、すべては神によって支配されていた。世界全体に対立しているもう一方のもの——アブラハム——も、それ自体としてはやはり存在しうるはずもなく、ただ神に支えられてのみ存在するのであった。そして彼は、この神を通じてのみ世界との間接的な関係を保っていたのであり、この間接的な関係は彼が世界とのあいだに保ちうる唯一の結合関係であった。――彼の理想〔すなわち彼の神〕は、世界を彼のために制圧し、この世界から彼が必要とするものだけを彼に恵与し、そしてその他のものにたいして彼の安全を守った。ただ彼は、愛することだけは、できなかった。彼がいだいていた唯一の愛、すなわち息子への愛も――そしておのれの存在を延長する唯一の仕方、彼が知りかつ希望していた唯一の不死の様式、すなわち子孫を得る希望さえも――彼を圧迫し、すべてのものから断絶する彼の情念をかき乱して不安に陥いれたほどであった。この不安がはなはだしくなると、彼はこの愛〔の対象〕をすら打ち滅ぼそうと思いつめたが、しかしこの愛の強さも、愛する息子をおのが手で屠《ほふ》るだけの気力を彼から奪うほどのものではないことを実感して、辛うじて安心することができたのである。

アブラハムが〔彼に〕対立している無際限な世界とのあいだに取り結びうる唯一の関係は、支配の関係であるが、しかし彼自身ではこの支配を実現することができないので、その実現は彼の〔奉ずる〕理想に委ねられた。彼自身もそれの支配下におかれるが、しかし彼の精神のなかに理念を宿してその理念に奉仕している彼は、かの理想の特恵を享受したのである。――そして彼の〔奉仕する〕神性の根は、世界全体にたいする彼の侮蔑であったから、彼はまた、ただひとり神の寵児であった。それゆえにアブラハムの神は、古代ローマ人の家の守護神や民族的な神々とは本質的に異なっている。家の守護神を礼拝する家族や、それぞれの民族神を礼拝する民族は、たしかに自分たちを隔離し、全一的な存在を分割し、各自の持ち分から他の人びとを排除したわけであるが、しかし彼らは同時に他の人びとの持ち分を容認しているのであって、はかり知れない全体を独占して、他のすべてのものをそこから追放したわけではなく、むしろ他の人びとにもおのれと同等の権利を認め、他の人びとの守護神や神々を、守護神や神々として尊重している。これに反してアブラハムとその子孫たちの嫉み深い神のなかには、彼とこの民族こそ一つの神を有する唯一のものであるという怖るべき自己主張がひそんでいたのである。

だからこそ、彼の子孫たちが順境に恵まれて、彼らの現実が彼らの理想からさほど分離されず、彼ら自身が彼らの統一の理念を実現しうる実力を具えていたときには、彼らは果たして、暴虐苛酷のかぎりをつくし、あらゆる生命を絶滅させる専制権力を容赦なくふるって支配したのである。なぜならそれは、死の上にのみ浮かぶ統一だからである。——たとえばヤコブの息子たちは、彼らの妹が受けた辱しめにたいし、シケム人たちが類いない善良さで償いをしようとしたとき、悪魔的な残虐行為でこれに報いた。彼らは、或る異分子が彼らの家族に混入して彼らと結合し、こうして彼らの隔離をかき乱そうとした、と考えたのである。寵児である彼ら以外には何者も関与することの許されないあの無限な統一〔原理〕のそとでは、一切が物質であり(——ゴルゴンの顔がすべてのものを石と化していた——)愛も権利もない素材であり、呪われたものなのである。だからこそそれらは、彼らに力がありさえすれば、どこまでも呪われたものとして処理され、身動きしようとするものは、たちまち元の場所へ追い返されるのである。

ヨゼフがエジプトで権力を握ったとき、彼は政治的ヒエラルキーを導入した。このヒエラルキーにおいて、すべてのエジプト人が国王ヨゼフにたいして受けとった関係は、ヨゼフの理念において一切のものが彼の神にたいしてもっていた関係と同一の関係であった。――彼はこうして、彼の神性を実現したのである。ヨゼフは、彼らがヨゼフに献上しておいた穀物で、飢饉の際には彼らを養ったのであるが、この穀物によって、彼は彼らのすべての貨幣を、つぎには彼らのすべての家畜を――馬や羊や山羊や牛や驢馬を――、さらにはすべての土地と彼らの身体をも召し上げた。彼らが有するなけなしの存在を、彼はすべて国王の所有物となしたのである。

定住の土地をもち一定の民族に関与するという運命には、アブラハムが、そしてこれまでのところヤコブも、抗争しつづけてきたのであるが、ヤコブはついにこの運命に屈服してしまった。そして窮迫におされ、おのれの精神に背き、偶然の事情からこの境遇に入っただけに、この運命は彼とその子孫にたいして一段と苛酷な仕打ちを与えずにはいなかった。彼らをこの奴隷状態から連れ出し、ひいては一つの独立の民族へと組織したかの〔アブラハムの〕精神は、これよりのちは、以前の単純な家族生活のもとで現われたときよりもはるかに多様な関係のなかではたらき展開し、そしてこのことによっていっそう明確に、いっそう多彩な帰結のなかでその特性を示すことになる。

イスラエル人の解放というこの出来事を、われわれの〔近代的〕悟性でどのように受けとることができるかという問題は、これまで述べてきた経緯の場合と同様、ここでは全く問題にならない。われわれが把握すべきことは、その出来事がユダヤ民族の想像力と記憶生活のなかでどのように現前していたかということである。彼らの精神は、まさにそのありさまでこの出来事のなかで行動したのである。モーゼが孤独のなかで彼の民族の解放の霊感を受けて、イスラエル人の長老たちのもとへ赴いて彼の企てを告げたとき、彼の神的使命の正統性を彼らが承認したのは、圧制にたいする彼らの心からの憎悪や、自由な空気を求める憧れによるものではなく、モーゼが彼らの前で演じてみせたいくつかの巧みな魔術によってであった。そしてこの程度の魔術ならば、のちにはエジプトの魔術師たちも同様に演ずることができたのである。モーゼとアロンが演じた行為は、彼らの兄弟たちにもエジプト人たちにも、まさに一種の〔魔術的〕威力としてはたらいただけであり、しかもエジプト人たちですら、この威力によって屈服させられることには、さすがに抵抗しているのである。

モーゼがファラオに諫言したために加重された苛酷な圧制によって、ユダヤ人たちは憤激の度を高めることもなく、ただいっそう深刻に苦しむのみであった。彼らは誰よりもモーゼにたいして腹を立て、モーゼを呪った（出エジプト五の21、六の9）。モーゼはひとりで活躍し、国王の恐怖心につけこんで出国の許可を取りつける。やがて国王がその恐怖心を忘れ、強請された決定をみずから後悔したとき、ユダヤ人たちの信仰は、彼にそのような自発性をすら認めようとはせず、彼らの神に屈服しない王のこのような言動も、彼らからみれば、実は彼らの神の仕向けた業と信じられたのである。――ユダヤ人たちにとって偉大なことがなされたが、それを開始したのは、彼ら自身の英雄的行為ではない。彼らのためにエジプト全土が、ありとあらゆる災厄と悲惨を蒙っているとき、彼らは全土にみなぎる悲嘆の叫びのなかを、不幸なエジプト人たちに追われて旅立っていく（出エジプト一二の33、34）が、彼ら自身は他人の不幸をあざ笑う卑怯者の心しかもっていない。敵は打ち倒されたが、彼らが倒したのではない。彼らには、それが彼らのために下された災いであるという意識しかなく、みずから惹き起こさざるをえない悲惨に一掬の涙をそそぎうる敢為の意識は欠けている。彼らの現実は無傷であるが、しかし彼らの精神は、これほど有利な一大悲惨事を喜びとせざるをえない。ユダヤ人たちは勝利を得るが、彼らは戦ったのではない。エジプト人たちは敗北するが、敵に打ち負かされたのではない。彼らは、毒殺されたり寝首をかかれたりした人びとのように、見えざる攻撃に屈したのである。そして、自分の家々に目印をつけ、これらの悲惨事がもたらす利益にありつくイスラエル人たちは、マルセイユでペストの流行中に悪名をさらした盗賊団のような観を呈するのである。モーゼがイスラエル人たちのなすべき仕事として残しておいたただ一つの行為は、彼らが隣人や友人たちを訪ねる最後の晩であると彼が定めていたその晩に、偽りの寸借をさせて、盗みによって隣人の信頼に報いさせることであった。

自己の解放に際してきわめて奴隷的に振舞ったこの民族が、その後も難局や危機にみまわれるたびごとに、エジプトを立ち去ったことを悔み、またエジプトへ立ち戻りたいと願い、このことによって、彼らがその解放においてすら、魂なく、自由の主体的欲求もなく行動していたということをさらけ出したのは、少しもふしぎではない。

ユダヤ民族の解放者はその立法者ともなった。——このことは、ユダヤ民族を一つの桎梏から解き放った当の者が、彼らに新しい桎梏を負わせたということにほかならない。受動的な国民がみずから自主的に立法するなどということは、自己矛盾であろう。

立法全体の原理は、父祖から受け継がれた精神である——無限な客体があらゆる真理とあらゆる関係の要諦であり、したがって、実をいうと、それのみが唯一の無限なる主体なのである——、なぜなら、そのものは、恵与された生をもつ人間〔の存在〕がすでに前提され、そして生ける主体、絶対的主体と称せられることになって、はじめて客体という名で呼ばれうるようになるのだからである。その無限なる客体が――いわば唯一の綜合（Synthese）であり、そして対立項（Antithesen）は、一方ではユダヤ民族であり、そして他方では残りの全人類と世界である。これらの対立項こそは、その名のとおりの単なる客体であり、すなわち、それらの圏外に懸絶して存在するもの（無限なるもの）にくらべると真価なき空虚なもの、生命なきものでしかありえず、死せるものですらなく、単なる無なのであり、ただ無限なる客体の作為によって何ものかにされているかぎりで或るものになっているにすぎず、〔まことに〕存在することなき作りもの、固有の生と権利を欠き、愛をも享けていないものなのである。全面的な敵対関係が存するところでは、〔ものごとのあいだには〕物質的な依存関係、一種の動物的な生存の余地しか残されておらず、したがって、この生存は、ただほかの生存の犠牲によってのみ確保されるのであって、ユダヤ民族はまさにこのような動物的生存を、隷従の恩賞として〔彼らの神から〕貸与されていたのである。この特恵、この孤立的安全の待望は、無限なる離叛からの必然的な帰結である。そしてこの賜物――エジプトでの奴隷状態からの解放、蜜と乳の流れる国土の所有、飲食と生殖の保証――、これらは神的なものの礼拝に見合う要求事項である。礼拝の条件がかようなものであるからには、礼拝もそれに応じたものとなる。前者は窮乏から救い出す援護であり、後者は隷属である。

無限なる主体は不可視なものでなければならなかった。なぜなら、すべて可視的なものは、限られたものだからである。モーゼがまだ彼の幕屋をもたなかったとき、彼はイスラエル人たちに〔礼拝の対象として〕火と雲を示しただけであった。それらは、たえまなく推移する不明確な動きによって目を奪い、特定の形に凝視することを許さない。彼らにとって神々の像は、ただの木石であった。それらには、ものが見えず声も聞こえない、という切口上をならべて、彼らは自分たちがすばらしい知恵者だと思い上がり、神像が彼らを制裁しないという理由で、神像を軽蔑する。そして彼らは、その像が愛の直観と美の享受のなかで神化されるという消息には思いも及ばないのである。

感動をよび起こす具体的形像はなくとも、不可視の客体を祈念し礼拝するには、ともかくも一定の方向とこの客体を含む境内が与えられなくてはならなかった――モーゼはそれらを幕屋の至聖所によって、のちには神殿の至聖所によって与えたのである。神殿の至奥、礼拝の中心点に近づいていって、そこに民族精神の根源を――この優秀な民族を鼓舞する魂を――その核心において感得しようとし、そしてみずからも礼拝しうる本体、みずからも崇敬しうる意味深いものを目撃しようと期待していたポンペイウスは、すこぶる奇異に思ったことであろう。なぜなら、秘奥所へ参入したとき、彼はあとの期待を裏切られ、前者は空虚な空間にすぎないことを見たからである。そのほかにも、いかなる享楽につけても、いかなる人間的行為においても、人間の虚しさ、恩寵によって維持されている生存の卑賤さを思い知らせることが、ユダヤ教の建て前であった。神の財産権の印として、神の分け前として、土地からのあらゆる収穫について、その十分の一が神に献げられなくてはならない。すべての初子は神に帰属したが、金を支払って請け戻すことはできた。人間の身体は、貸与されたものにすぎず、もともと人間に固有のものではなかったので、主人が与えたお仕着せを使用人が清潔にしておかなくてはならないように、身体は清潔に保たれなくてはならなかった。どんな汚れも償われなくてはならなかった。すなわち、イスラエル人たちは、なけなしの持ち物をかわりに献げることによって、他者の財産に変更を加えることは横領であり不法であるということを、そして自分にはそもそもいかなる固有財産もないのだということを、承認させられたのである。さらに、全く神のみに属して神聖不可侵なもの、たとえば敵を征服して獲た幾多の戦利品や掠奪品は、あますところなく破壊されることによって、神の完全な所有に帰せられた。

イスラエル民族は一般的に神の財産であると自称しながら、実際には部分的にしか献身しなかったが、しかしこの民族中の一部族は、全面的に彼らの神の完全な財産となり、その神に奉仕していた。したがってこれらの奉仕者たちはもっぱら主人によって養われ、直接に主人の家事を司どり、全領地における彼の収税吏や家僕団をなし、主人の権利を守護する務めをもっていた。そして、もっとも卑しい勤めに服するものから、さまざまな位階を経て、上は側近の侍者にまでいたっていた。しかし、このように神に直接する奉仕者さえも秘儀の守護者ではなく、神秘な事物の守護者にすぎず、またその他の祭司たちも勤行のほかには学び教えることはできなかった。秘儀そのものはどこまでも異縁なものであり、いかなる人間もその消息に通じえず、ただそれに依存することしかできなかった。そして、神が至聖所に隠れていますということは、エレウシスの神々の秘儀とはその意味を全く異にしているのである。エレウシスにあっては、心像や感情や霊感や祈りにおいて神の啓示に接することを、何びとも排除されることがなかった。ただ、それらについて話すことだけは許されなかったのである。なぜなら、それらの啓示は言葉によって汚されると信じられていたからである。しかるに、イスラエル人は、彼らの神秘な物事や儀式や礼拝の律法を、いくらでも饒舌に話題にすることができた（申命記三〇の11）。なぜならそれらには何の神聖なものもないからである。神聖なものは、永遠にそれらの外にあって、目にも見えず感じられることもできなかった。

シナイ山上での厳かな立法に当たって、彼らの神が顕現したとき、それに接したすべてのユダヤ人は気絶せんばかりに慴伏《しょうふく》し、自分たちをそれほど神に近づけることを何とか容赦してくれるようにとモーゼに哀願した。そしてモーゼに頼んで、彼ひとりが神と相談して、その命令をあとから彼らに取りついでくれるようにしてもらったのであった。

大部分が饗宴と舞踏とで祝われた三大年祭は、モーゼの制度のうちではまだしも人間的なものである。けれども七日目ごとに祝われる安息日のしかつめらしさは、非常に特徴的である。奴隷ならば、この労働からの休息、労苦に満ちた六日間のあとの無為の一日を喜び迎えたにちがいない。しかしそのほかの自由で闊達な人間からみれば、単に虚しく無為な精神の統一のなかで一日をすごし、そして彼らが神に捧げた時間を虚しい時間とし、この虚しさをかくもしばしば繰り返すというような定めは、索漠たる無感情の統一を最高のものとし、彼らの神が世界の新生をいとなむ六日間の生〔ける活動〕を本来の神に対置し、その生を本来の神からの疎外とみなし、そのあとでこの神に休息を与えた民族の立法者にしか思いつけなかったことなのである。

これほどの徹底した受動性のもとでは、臣従の表明のほかに彼らに残されたものは、肉体生存を維持して窮乏からそれを守るという全く空虚な欲求のみであった。そして彼らは生命とともに物質的生存を維持した。彼らは、それ以上のものを欲しなかったのである。彼らは乳と蜜の流れる定住の地を得た。彼らはいまや、定住する農耕民族となり、かつて彼らの祖先たちがあくまでも遊牧民としてのみ漂泊しようとした土地を、おのが財産として所有しようとした。彼らの祖先は遊牧民としての生活様式を維持していたから、国のなかで芽生えて町々に集中しつつあった住民の平和をさほどかき乱さずにすみ、これらの住民のほうでも、彼らの家畜に未耕地で自由に草を喰ませ、そして彼らが周囲をさまよわなくなってからも、彼らの墳墓に敬意を払っていた。しかし、彼らの子孫は、かような遊牧民として帰ってきたのではない。遊牧民たる彼らの祖先がかくも久しく抗争してきた運命、その抵抗によって彼らのデーモン、彼らの民族のデーモンをいやがうえにもいきり立たせてきた運命に、この子孫たちは屈服していたのである。彼らは祖先の生活様式を放棄していたが、しかしどうして祖先の霊が彼らから消え去るはずがあろうか。むしろ〔人間たちの〕欲求が変化するにつれて、イスラエル人の風習と他の諸民族の風習とのあいだの主要な隔壁が崩れ落ち、他民族との和合をさえぎる威力としては、もはや彼らの心情だけしか残らなくなっていたので、彼らの内なる守護神はいよいよ強く怖ろしいものにならざるをえなかった。窮乏に迫られて彼らは他民族の敵となったが、この敵対行為は必要の範囲を越えることは許されなかった。たとえばカナン人のあいだに居住地を強奪すれば、それで済んだのである。遊牧民族と農耕民族との生活様式の差別は、いまではなくなっていた。人間たちを和合させているのは、彼らの純粋な精神であり、一方、ユダヤ人をカナン人から分離していたのは、ただユダヤ人の精神だけであった。この憎悪のデーモンは、彼らに先住民の絶滅を命じていたのであるが、ここでも人間性の名誉をいくらかなりとも救ったことは、たとえ彼らのもっとも内なる精神が錯倒して憎悪に転じていたにしても、彼らは彼らの根源的本質をさすがにかなぐり捨てたわけではなく、彼らの錯倒を完全に首尾一貫して遂行したわけではない、という点である。イスラエル人は、掠奪を加え、奴隷化してではあるにせよ、ともかく多数の住民を生かしておいたのである……。

荒野に死して約束の地にたどりつくことができなかった人びとは、彼らの本分を、彼らの生存の理念を成就せずに終わった。なぜなら彼らの生は或る目的に従属する手段であって、それ自身で自立し自足するものではなかったからである。それゆえに彼らの死は一種の災厄とみなされ、そして一切が一人の主人の指令下にあるかぎり、それはひとつの罰とみなされるよりほかはなかった。

みずから新築した家にまだ入居しない者、新たに興した葡萄山の葡萄をまだ食べていない者、婚約者をまだ妻としていない者――これらはすべて兵役から免除された。なぜなら、待望の実生活を目前にして、現実のために可能性全体を、生活そのものの条件を賭けるというようなことは、愚かな行為と考えられたからである。財産と生存とのために、この財産とこの生存そのものを賭けるということは、矛盾している。ただ次元を異にするものごとのあいだでのみ、犠牲ということが可能になる。たとえば、財産と生存は、名誉とか自由とか美とか、要するに、或る永遠なるもののためにのみ犠牲にされうる。ところがユダヤ人たちは、いかなる永遠なるものにもかかわることがなかったのである。

モーゼは、すべての享楽と幸福の喪失という東洋的に飾られた威嚇で彼の立法を封印した。彼は奴隷的精神の面前に、奴隷自身の鏡像を――自然の威力にたいする恐怖心を――つきつけたのである。

人間精神にたいする別種の反省、別種の自覚の様式は、これらの宗教的律法のうちには見受けられない。そしてメンデルスゾーンは、彼の信仰〔ユダヤ教〕が何ら永遠な真理を命ずるものではないということを、この宗教の高い功績に数えている。たしかに、唯一の神が存在するということが国法の頂点に位置している。そして、もしこの形態で命令されるものを真理と呼ぶことができるのだとすれば、奴隷たちにとっては、彼らが一人の主人をもっているという真理ほど深い真理はない――ということもできよう。しかし、メンデルスゾーンがそれを真理と呼ばないのは、もっともなことである。なぜなら、われわれからみて真理と見受けられるものが、ユダヤ人においては真理や信条の形態をとって現われていなかったからである。というのは、真理とは、或る自由なものであって、われわれはそれを支配することも、それに支配されることもないからである。それゆえに、神の存在は彼らには真理としてではなく、命令として現われるのである。ユダヤ人は神に全面的に隷従している。そして人が隷従している当のものは、真理という形態をとることはできない。なぜなら真理とは、知性によって表象された美のことなのであり、真理の否定的性格が自由というものなのだからである。しかし、すべてのもののうちに素材のみを見た人間たちが、どうして美を感得することができたであろうか。どこまでも支配されあるいは支配するのみであった人間たちが、どうして理性と自由を発揮することができたであろうか。意志能力を放棄し、現実における〔自己の〕存在そのものを断念して、ひたすら彼らの子孫の一人による彼らの耕地所有の存続を欲し、彼らが産んだ子の一人において功業も名誉もない名前の存続を欲するのみで、飲食の域を超越する高い生活や意識をいささかも享受することのなかった人間たちが、せめて個体の意識を維持するに足る低次の不死なりとも希望し、自立的存在を自己主張することが、どうしてできたであろうか。してみれば、そもそも現存していなかったものに制限を加えてこれを不純にしなかったといい、知りもしなかったものに干渉しなかったといっても、それが何の手柄になるというのであろうか。それは、エスキモー人が、自分たちの国では葡萄酒に消費税を払うこともなく、重税のために農業が苦しめられることもないといって、どこかのヨーロッパ人にたいする優越性を自慢しようとするようなものである。

ここで真理にたいする不干渉という同一の帰結が、実は反対の事情から生じていたように、市民的権利を国法に従属させる態度に関しても、モーゼの国家制度は、二人の有名な立法者が彼らの共和国において創定した制度と酷似しているが、その起源は非常に異なるものであった。ソロンとリュクルゴスは、財産の不平等が〔市民の〕自由を脅かすようになる危険を彼らの国家から防止するために、財産権に種々な制限を加え、富の不平等を招きかねない幾多の自由を排除した。――同様にモーゼの国家でも、家族の財産は永久にその家族に固定されていた。窮迫して財産や自分自身を売り渡してしまった者も、大いなる五十年祭には、再びその物権を回復し、そのうえ七年ごとには身分権を回復することに定められており、前より広い耕地を取得していた者は、もとの耕地面積へ引き戻された。兄弟がないために土地所有者となった娘を他部族あるいは他民族から娶った者は、とりもなおさず、これらの地所の所属する部族ないし家族の一員とみなされた。したがって、家族への所属は、彼に本来固有のもの――すなわちしかじかの両親からの血統という打ち消しがたい特徴――によるよりも、むしろ外部から受領したもの〔地所〕によって決められていたわけである。

これらの法律の根拠を考えてみると、それはギリシアの共和国の場合には、放任すれば発生する不平等によって貧窮者の自由が危険に陥り、彼らが政治的滅亡にさらされるかも知れないという配慮であった。ところが、ユダヤ人の場合に同じ法律が課せられていたのは、彼らが何物をも固有財産としてではなく借物として所有しているにすぎないので、そもそも自由も権利もなく、国民としてはひとしく虚無であったからなのである。――ギリシア人の建て前は、万人が自由独立であるがゆえに平等であるというのであり、ユダヤ人の建て前は、万人が自立自存の能力を欠くゆえに平等であるということなのである。同様に、個々のユダヤ人が家族に属しているのは、その家族の土地を分与されているがゆえであり、そしてこの家族ですら、その土地を自己固有のものと称することはできなかった。それは恩恵によって家族に下げ渡されたものにすぎないのである。いかなるユダヤ人もその不動産を増大する資格がないという定めは、明らかに立法者の目的でしかなく、ユダヤ民族はそれをけっして忠実に守らなかったらしい。もしもそれが立法者の精神において、富の不平等を防ごうとする趣旨から出たものであったとするならば、全くちがった措置が講ぜられ、その他の多くの不平等の源泉が塞がれていたことであろう。そしてその立法の大目的は市民の自由でなければならなかったであろう。しかしこのような国制の理想にふさわしい響きは、モーゼと彼の民族の精神には全く欠けていたのである。——不動産を増大する資格がないのは、土地取得権が平等であることの帰結ではなく、土地にたいする全面的無権利の平等からの帰結なのである。このような平等の感情がダータンやコーラを駆りたてて、モーゼが自分を余人とちがう別格の人物であると自任したことを怪しからぬことと考えさせ、彼らの憤激をそそのかしたのである（民数記一六の3）。前記のような国内法的〔平等〕関係という外観は、これらの法律の由って来たる原理をみれば、消え去るものであった。国民としてのユダヤ人相互の関係は、万人が彼らの不可視なる統治者とその可視的な奉仕者や役人に隷従していることの平等にすぎず、したがって実は国民権というようなものは全く存在せず、そしてこの隷従関係においては一切の政治的法律、すなわち自由な法律の条件は奪われていたのであるから、国内法——すなわち国権を規定する立法権——に類するものは、彼らのもとでは全く見いだされえなかった。それは、いかなる専制政治においても、国内法を論ずることが自己矛盾であるのと同断である。——裁判官や役人（書記）も、いわば一種の（諸部族の族長としての）恒常的統治者であり、あるいは恣意や偶然な必要に応じて、もしくは実力によって出現し滅亡していく指導者や支配者たちであり、これらの者はこのようにしていつでも出現しうるし、また事に応じて出現せざるをえない。それに、社会的結合がこのような形態のものであればこそ、王権を導入すべきか否かがどうでもよいこととみなされ、その規定を欠いたままであるということも、ありえたのである。イスラエル人が、他国民のように国王によって統治されたいという気を起こす場合にそなえて、モーゼは若干の命令を与えていたが、それは、それに従うか否かは王権が気ままに順奉することも順奉しないこともできるような命令であったし、また憲法の制定、国王にたいする国民の諸権利の設定には、ごく一般的な意味においてですら、全く無縁な命令であった。いかなる権利ももたず、抑圧されるべき何ものをももはやもっていなかったこの民族としては、いまさら何らかの権利を守るために怖れるべき危険というようなものは、そもそも存在していなかったのである。

モーゼは、彼の律法が完全に成就されるのを生きて目にすることはなかった。それのみか、それはイスラエルの歴史のどの時期においてもけっして十分には貫徹しなかったのである。モーゼは、ただ一度だけ、命令なしに〔岩を〕打つというつまらぬ自発的行動に出たことを罰せられて死んだ。モーゼは彼の政治生活を回顧して、彼らの神がモーゼを通じてユダヤ民族を導いてきたありさまを、仔鷲たちに飛翔を習わせようとする親鷲の振舞いにたとえている（申命記三二の11）。鷲は巣の上でしきりに羽搏き、仔鷲たちを翼にのせて飛び立っていく。――惜しむらくは、イスラエル人は、このすばらしい比喩を全うしなかった。この雛鳥たちは、ついに鷲にならなかったのである。彼らをその神との関係からみると、われわれはむしろ、だまされて石を温め、石に飛翔の手本を示そうとした親鷲の姿を思いうかべるのである。鷲は温めた石を翼にのせて雲上高く舞い上がっていった。しかしその鈍重な石は、ついに羽搏いて天翔けることもなく、石に伝わった温みは、ついに生命の焔となって燃え上がることがなかった。

それに続くユダヤ民族の境遇は、彼らが今日もなお置かれている惨めな卑しい不潔な境遇にいたるまで、彼らの根源的な運命の帰結と展開以外の何ものでもない。この運命によって彼らは虐げられてきたし、そしてこの運命によって、すなわち、彼らが克服しえぬ形で自分に対立させた無限なる威力によって、彼らはこれからも虐げられるであろう、——いつの日か、彼らがこの運命を美の精神によって和解させ、こうして和解によって止揚するようになるまで。

モーゼの死後、国家の独立と他民族への隷従とが交替する長い期間が続いた。幸福に溺れて独立を失い、圧制を受けて独立への勇気を取り戻すという運命はすべての民族に共通なものであるが、これがユダヤ民族の運命となると、二つの特異な変容を蒙らざるをえなかった。

一つは、柔弱さへの移行、幸運な状態への移行は、〔異教の〕神々の礼拝への移行として現われ、そして、抑圧された状態を脱して独立へ高まろうとする勇気は、彼らの固有な神への還帰として現われたという事実である。窮迫が和らぐとともに、敵対と荒掠の精神、彼らのエル・シャダイ、彼らの窮乏の神の威力がユダヤ人の内で衰退していった。彼らの心にはより人間的な感情が芽生え、こうしてより親愛な人間関係が出現してきた。彼らはより美しい精神のあることを予感し、異邦の神々に仕えた。しかし、いま、まさにこの礼拝のさなかで、ユダヤ民族の運命が彼らを捉えた。彼らはこれらの神々の〔自由な〕崇拝者であることができず、その奴隷にしかなりえなかったのである。こうして、それまでは世界が、彼ら自身か、少なくとも彼らの理想に隷属していたのにたいして、いまや彼らがその世界に隷従することになり、これとともに、敵対関係のみに根ざす彼らの気力も失せていき、彼らの国家の絆は完全に弛緩してしまった。彼らの国家は、市民のひとりひとりが拠り所をもつことによって支えられるというようなものではありえなかった。彼らが統一国家に団結しえたのは、彼らがみな或る共同的なものに依存していたからであるが、その共同的なものは、もっぱら彼らにのみ特有で、他のすべての人間に対立するものであると信じられていた。異邦の神々を跪拝したとて、彼らは、われわれが国法と呼ぶ個々の律法に背いたわけではないが、彼らの立法全体、そして彼らの国家の原理にたいして不忠になったのである。したがって、偶像崇拝が彼らの第一級の律法のひとつによって厳禁されていたのは、全く当然なことであった。他民族との混淆によって、婚姻や友情の絆によって、およそ奴隷的でない友好的なあらゆる共同生活によって、彼ら〔ユダヤ民族と隣接諸民族と〕のあいだには、或る共同的なものが育ってきた。彼らは相ともに太陽を享受し、相ともに月や星辰を仰ぎ、あるいは、彼らがみずからの感情を反省する場合には、自分たちがそのなかで和合している感情の絆を見いだし、そしてこれらの感情における和合をこめて――そこで自分たちが一つになっている感情の表象をもって――かの日月を表象する場合には、すなわちそれらを生けるものとして表象する場合には、そこに彼らは神々をもったのである。――ユダヤ国民の魂たる人類への憎悪（odium generis humani）がわずかでも衰え、より親しみ深いデーモンが彼らを他国人と和合させ、かの憎悪が画した境界を踏み越えさせるとき、彼らは背教者となったのであり、それまでの彼らの領域のように隷属関係に服することのない享受の領域にさまよい出たのである。彼らに恵与された相続分のほかにも、人間の心情が受容できるものの余地があるのではないかという経験、――この経験は奴隷にとっては、主人から授けられるもののほかに、なお何ものかがあることを見知ってこれをおのがものと呼ぼうとする不服従であった。たとえ彼らが人間性を純粋に理解することができ、その根源において自由であるものに接して再びその奴隷になり下がることがなかったとしても、彼らが人間的な感情を抱くにつれて、彼らの気力は彼らの体内から失せていった。彼らの内部には矛盾が生じたのである。彼らの運命全体、古来の憎悪の絆を一挙に振り棄てて美しい和合関係を組織することが、どうしてできたであろうか。彼らはまもなくかの憎悪の関係へ、鞭うたれるかのように追い戻された。というのは、彼らの共同生活と彼らの国家が分解するさなかで、彼らはより強力なものの餌食となり、他民族との混淆は、他民族への隷属となったからである。その重圧は再び憎悪を呼びさまし、それと同時に彼らの神が再び目覚めた。独立を求める彼らの衝動は、実をいうと、彼ら固有のものへの隷属を求める衝動であったのである。

第二に、上述の変化は、他の国民においては往々にして数千年を経てようやく推移する歴史であるが、ユダヤ民族においては急速に経過せざるをえなかった。彼らの状態はいずれも過度に無理強いされたものであったから、長期にわたって持続することができなかった。独立の状態は、全般的な敵対関係と結びついていたため、安定することができなかった。それはあまりにも〔人間の〕自然に反する状態なのである。他の民族にあっては、独立の状態は幸福な状態であり、より美しい人間性の状態であるが、ユダヤ人においては、独立の状態は全面的な受動性の状態、あますところなく醜悪な状態であらざるをえなかった。彼らの独立は彼らに飲食やみすぼらしい生存を保証したにすぎなかったから、なけなしの独立が失われることは、とりもなおさず一切の喪失であり、あるいはその危険を意味していた。そのほかに、彼らが護持し享受することができるような生き生きとしたものは、もはや少しも残っていなかったし、そのようなものを享受するために彼らが多くの苦難に耐え、多くの犠牲を払うことを学ぶというようなことも、ありえなかった。重圧を受ければ、このみじめな生存はたちどころに危険にさらされ、彼らはそれを救うために向こうみずに戦ったのである。もしも自由があれば、より美しい人間性の形態も与えられたであろうが、このような動物的な生存は、そのような形態とは両立しえなかったのである。

ユダヤ人が国内に王権を導入したとき（モーゼはそれが神政と両立しうると考え、サムエルは両立しえないと考えていた）、なにがしかの政治的重要性を獲得した個人が少なくなかった。もっとも彼らは、その役割を祭司たちと分有し、あるいは祭司たちに対抗して守らねばならなかった。自由な国家であれば、君主制の導入は、すべての市民を私人の水準へ突き落とすのであるが、これに反して、このユダヤ国家にあっては、いかなる人も政治的には無であったから、王制の導入は少なくとも若干の個々人を、多少とも制限つきの存在意義をもつ地位へ引き上げたのである。ソロモン王の治世の栄光は「人民にとっては」、一時的にもせよすこぶる耐え難いものであったが、その栄光が消え去ったあとでは、ユダヤ人の運命の笞《しもと》のなかへ王制の導入をも加えていた新たな勢力が――放恣な支配欲と無力な支配力が――ユダヤ民族を完膚なきまで引き裂いて、ユダヤ民族がかつて他の国民に向けていた狂気のごとき冷酷と神を蔑《なみ》する所行とを、いまや民族自身の内部へ差し向けることになった。これら新興勢力は民族の運命を、みずからの手で民族自身へ内攻させたのである。こうしてユダヤ民族は、ともかくも他国民を恐れるようになった。理念において他を支配する民族であった彼らは、現実において他に支配される民族となり、対外隷属の感情をもつようになった。しばらくのあいだは数々の屈辱を甘受して、辛うじてみじめな国家形態を維持していたが、結局は——弱者が弄する小手先の政治も、いつの日かはきっと万策つきるように——、この民族は完全に蹂躙され、もはや再起の余力を留めなかった。精神的に奮いたった人びとは、ときおりは、かの往昔の精神を堅持し、滅びゆく民族精神を甦らせようと努めた。けれども、ひとたび消え去った民族精神を熱狂によって招き戻し、その呪力で民族の運命を制することはできない。ただできることは、この民族が清い生命力を保っているかぎり、その生の深みから新たな精神を呼び出すことだけである。しかし、ユダヤの預言者たちは、衰えたデーモンの炬火《きよか》で彼らの焔をもやし、このデーモンにかつての力を恢復させ、そして時代の多様化した関係を破砕して、かつての畏怖すべき崇高な統一を恢復させようとしたのである。したがって彼らは血の通わない狂信者となり、政治と画策に介入すると偏狭で迂遠な狂信者となりえたにすぎず、過ぎ去った時代の追憶を示すのみで、それによって現代の事態をいやがうえにも混乱させたが、真に新しい時代を招来させることはできなかった。これらの激情が混入すると、人心を再び単調な受動性へ立ち帰らせることはもはや不可能であり、むしろ、受動的な人心から発した激情であるだけに、それらはいよいよ凄惨に荒れ狂わざるをえなかった。この凄惨な現実から逃れようとして、人びとは理念のなかに慰めを求めた。一般のユダヤ民衆は、おのれ自身を放棄しても、彼の客体を放棄しようとはしなかったので、来たるべき救世主の希望のうちに慰藉を求め、パリサイ人は、雑多な勤行の励行と、現前の客体的なものの所作と、そして意識をそれと完全に合致させることのうちに、慰めを求めた（彼らの支配していた活動圏が不完全であり、ためにその圏外に彼らのものならぬ威力を感得していたゆえに、彼らは自分のものではない運命が彼らの意志の力と活動に混入してくると信じたのである）。サドカイ人は、彼らの生存の多方面な散逸と、不安定な生活の気散じのうちに慰めを求めたが、彼らの現実生活は特定〔有限〕な内容で満たされるにすぎず、いつも別な特定内容への移行の可能性としてのみ無規定であるにすぎないと信じていた。エッセネ人は、或る永遠なるもののうちに慰めを求めた。それは人と人との障壁となるあらゆる私有財産とこれに関係する一切の事柄を排除し、人びとを無差別な生ける一体とするような兄弟的結合であり、現実社会のあらゆる境遇に依存しない共同生活であるとされた。そしてその生活の享受は、成員の完全な平等によって、いかなる差別にもかき乱されることのない共同生活の習慣にもとづくものであるとされた。律法にたいするユダヤ人の隷従が全面的であっただけに、彼らがまだ何がしかの意志を通しうるところでは、彼らの我意はそれだけ強情なものにならざるをえなかった。そして、彼らがそこで我意を張ることのできる唯一の場面は、まさしく彼らの礼拝が何らかの敵対者に出会った場面だけであったのである。彼らが苦境に追いつめられず、彼らの乏しい享楽が満たされているあいだは、異邦のものが敵性なしに彼らに接近すると、彼らは易々として誘惑されて自分の信仰に背いていたのであったが、いったん彼らの礼拝が攻撃にさらされるときは、彼らはそれを守って頑強に戦った。彼らはその必死の抗争のさなかで、安息日の祝祭のような戒律を夢中で破ることさえあったが、しかし他人の指図でその戒律に意識的に違反するようなことは、どれほど威圧を加えられても能くしえなかったであろう。こうしてユダヤ民族において生が虐げられ、彼らのなかにはいかなる支配すべからざるものも、聖なるものも、もはや残っていなかったのであるから、彼らの行動はもっとも忌わしい狂乱、たけり荒れる狂信の姿をとったのである。

穏和な統治を行なえばこの狂信は弱まるかもしれないというローマ人の期待は裏切られた。狂信はまたもういちど燃え盛り、それが惹き起こした破壊の下に、みずからを葬ることとなったのである。

ユダヤ民族の大いなる悲劇は、ギリシア悲劇とは全く撰を異にするものである。それは怖れや同情を呼び起こすことはできない。けだし、怖れも同情も、美しい資質を具えたものが必然的に過誤を犯さざるをえないという運命から湧きでるものであるが、ユダヤ民族の悲劇は、ただ嫌悪感をそそるにすぎない。それはマクベスの運命である。それは、みずから自然に離叛し、異形の霊に取りすがってこれらに奉仕し、もって人間的本然の聖なるものをすべて踏みにじり、殺害し、ついにはおのれの神々にさえ見離されて（というのは、それらは客体であり、彼は奴隷であった）、その信ずるところのもの自体に打ちくだかれざるをえなくなったマクベスの運命なのである。

# 第二章　イエスの登場　その道徳

イエスは、ユダヤ民族の運命の多様な要素の沸騰が招来した最後の危機も間もないころに登場した。この内部沸騰の時代には、これらのさまざまな要素が発展して一つの全体へ集結し、やがて純然たる対立、〔ローマとの〕公然たる戦争が発生するにいたるのであるが、このような時代にあって、その最終幕に先立っていくつかの動乱が勃発していた。魂はさほど高貴でなくとも烈しい情熱に駆り立てられた人びとは、ユダヤ民族の運命を十全に見極めていなかった。それゆえに彼らは、無自覚に苦しみながら運命の波にさらわれ時流とともに漂っていけるほど安閑たりえず、さりとて、いっそう大きな勢力を味方につけられるまで事態の推移を待機するほど沈着でもなかった。こうして彼らは、全体の沸騰に先立って、名誉も功業もなく倒れたのである。

イエスは、ユダヤ民族の運命のどちら側にもとらわれていなかったので、その片方だけを攻撃することはせずに、むしろその全体に対立していた。したがって彼自身はその運命を超越しており、そして彼の民族にそれを超越させようと努めた。しかしながら、彼が止揚しようと努めていた敵対関係は、ただ敢為によってしか制圧しえないもの、愛によっては和解させることができないものである。それゆえに、この運命の全体を克服しようとした彼の崇高な企ても、彼の民族においては挫折し、彼自身はその犠牲とならざるをえなかった。しかしイエスはその運命のどちら側にも身を投じなかったのであるから、彼の宗教は、依然としてこの運命にかかずらうことの甚しかった彼の民族においては受け入れられなかったが、その他の世界では、もはやこの運命にかかわることがなく、守り維持すべき何ものももたない人びとのあいだで、大いに迎え入れられざるをえなかったのである。

〔本文欠落〕

われわれならば……人間性の生ける変様にもとづく規定とみなしうるような立法（自分を越える権力を設定するとき人間がみずから課する法）も、彼ら〔ユダヤ民族〕には〔他から〕命令されたものだったのであり、彼らにとっては全く実定的なものだったのである。したがって、以下においてユダヤ人の立法をさまざまな形態に配列してたどるときに、われわれが従う順序はこの立法そのものに内在する秩序ではなく、われわれの側で作った順序であり、それらの差別は、人びとがそれらに対応する反応の仕方によって生じてくるのである。

単に主を礼拝すること——主人への直接の隷属、喜びもなく楽しみも愛もない服従——を要求する命令、すなわち、儀礼化した宗教的命令に、イエスは、それと正反対のものを、人間の衝動を、人間の欲望を対置した。宗教的行為とは、もっとも精神的なもの、もっとも美しいものであって、〔人間生活の〕発展が生み出さざるをえないさまざまな分裂をも、なお統一しようと努め、そしてこの統一を理想において、もはや現実に対立することなく完全に存在するものとして表わし、和合を行為において表現し確証しようとするものなのであるから、もし宗教的行為があの美の精神を欠くときには、それはもっとも虚しい行為であり、自己滅却の意識を要求するもっとも無意味な隷従であり、人間が自己の虚しさ、自己の受動性を表現する行為である。そしてこれとくらべれば、もっとも普通の人間的欲望の充足さえも優位にある。なぜなら、これらの欲望のなかには、いかに虚しいとはいえ、とにかく存在の感情や存在の維持ということが直接にこもっているからである。

極度の窮迫が聖なるものを傷つけるということは、同語反復的な命題である。なぜなら窮迫とは、引き裂かれている状態であり、そして聖なる客体を傷つける行動は、行動の形をとった窮迫だからである。窮迫においては、人間が客体とされて抑圧されるか、さもなければ、人間が自然を客体として抑圧せざるをえない。聖なるものは自然だけではない。それ自体としては客体にすぎないものでも、聖なるものとなることがある。それには、その客体それ自身が、多くの人びとを和合させる理想の表現である場合だけでなく、その客体が何らかの仕方でこの理想と関連しており、理想に付属しているという場合もある。窮迫は、これらの聖なる事物の冒瀆を余儀なくさせることがある。しかし窮迫もないのに聖なる事物を傷つけるのは、その聖物が一民族を和合させ、とりもなおさず万人に共通のもの、万人の所有であるかぎり、不謹慎な所業である。なぜならその場合には、聖物毀損は、同時に万人の権利の不当な侵害になるからである。異教の祭祀が行なわれる神殿や祭壇を破壊してその司祭を放逐する信仰熱心は、万人に所属する共同の聖なるものを冒瀆するのである。しかしながら、もしも聖なるものが、万人に断念と奉仕を強いる形で万人を統合するにすぎない場合には、だれでも他の人びとから絶交するかぎり、ただちに各自の権利を主張することができるのであり、この立場で聖物や命令を傷つけることは、他の人びとの側からみれば、彼が彼らとの連帯を放棄し、自分のもの——それが時間であれ何であれ——の任意な使用権を主張しているという点で気に障ることにすぎない。そればにしても、このような権利が些末なものであり、その犠牲が取るに足らぬものであるならば、一人の人間が、仲間たちにとって最高であるものに関して、そのような権利のために彼らと対立し、彼らとの連帯をその結びつきの核心において引き裂こうとすることは、まず起こらないであろう。ただ、連帯の全体が侮蔑の対象である場合にのみ、この種の思いやりの動機がなくなるのである。そしてイエスは彼の民族の生活全体から離脱したのであるから、普通に友人が心胸をおなじくする友人にたいして、些細な事柄については守るのをつねとする自制も、ここでは失われたのである。それでイエスは、ユダヤ教の神聖さを重んじて日常的な欲望や任意さを満足させることを抑制せず、それを延期することさえしなかった。彼はこうして、自分がその民族から離脱したことを、客体的命令下での隷従を心から侮蔑していることを、見せつけたのである。

イエスに同伴した弟子たちは、安息日に麦の穂を摘みとって、ユダヤ人たちを憤慨させた。彼らをその行動に駆り立てた飢えは、これらの麦の穂でたいして満たされるわけもなかった。もし、彼らに安息日にたいする畏敬の念があったならば、この取るに足りない満足を少しのあいだ引き延ばし、料理のできた食事にありつける場所に到着するまで待つこともできたであろう。この禁制の行動を非難したパリサイ人に向かって、イエスはダビデの先例を楯にとっているが、しかしダビデは極度の窮迫から供物のパンに手を出したのである。イエスはまた、祭司の務めによる安息日の冒瀆を引き合いに出しているが、しかし、安息日における祭司の勤行は律法に定められているのであるから、安息日の冒瀆ではない。そして、イエスは一面では、祭司たちは宮のなかでのみ安息日を冒瀆しているにすぎないが、ここは宮よりも大きく、自然は宮よりも神聖であると述べて、違反行為そのものを重大化しながら、他面では一般的に、ユダヤ人にとっては神々もおらず聖なるものでもない自然を〔宮よりも高位におき〕、神と連関する世界の範囲を彼らが作った唯一の場所へ制限したユダヤ人の見方を超越している。直接的な形では、一定の時間の神聖化にたいしてイエスは人間を対置し、安息日の聖別は人間的欲望の些細な満足よりも価値の低いものであると言明している。同じ安息日に、イエスは片手の萎えた人を治癒している。その行動の仕方は、この場合にも、ダビデが聖なるパンを費消したことや安息日における祭司の業務の例と同じであって、この安息日の神聖さがユダヤ教徒自身にとってさえ絶対に神聖なものとみなされていたわけではなく、彼ら自身でさえこの命令の遵守よりも高位のものがあることを心得ていたということは、イエスの言うとおりであり、このことは危険にひんした家畜に対処するユダヤ教徒自身の慣行をみれば明らかなことであるが、しかしここでイエスがユダヤ人に向かって援用しているこの事例も、これまた危急の場合であり、そして窮迫は人を免責するのである。たしかに、井戸に落ちた動物は即刻救出を要する。しかしながら、あの片手の萎えた男が、その日の暮れるまで手の使用に不自由するかどうかは、全く取るに足らぬことだったのである。イエスの行為は、数時間早くこの行為を行ないたいという恣意を表現し、そしてこのような恣意が最高権威の発する命令よりも優越するということを表現したのである。

食事の前に手を洗えという慣行にたいして、イエスは（マタイ一五の2）人間の主体性全体を対置し、命令された事柄への隷従よりも――或る客体の清浄もしくは不浄ということよりも――心情の清浄もしくは不浄を上位においている。彼は無規定な主体性すなわち性格を全く新しい圏とし、この圏は客体的な命令の墨守とは全く別な次元のものであると説いたわけである。

イエスは、全く客体的な命令にたいしては、全く異質なもの、主体的なもの一般を対置したのであるが、われわれがそれぞれ異なった観点から道徳的命令と呼び、市民的命令と呼ぶ諸律法にたいしては、イエスはそれとは異なった態度をとった。これらの律法は自然的な人間関係を命令の形態で表現するものであるから、それらの関係が全面的にもしくは部分的に客体化されるとき、これらの命令に関して混乱が生ずることになる。律法とは、対立項を概念において統合するものであり、したがって概念は対立項を対立的なままにしておき、しかも概念そのものは現実的なものにたいして〔あるべきものとして〕対立関係に立っているのであるから、この概念は〔現実ではなく単に〕当為を表現する〔ものにすぎない〕。さてその概念がその内容上ではなくその形式上、すなわち、それが人間自身によって作成され把握されたものであるという点から考察される場合には、その命令は道徳的命令である。これにたいしてもっぱら内容面に注目して、その概念が或る特定の対立項の特定の統合であるとみなし、したがってその当為が概念の属性から発するものではなく、外的な威力によって要求されるとみなす場合には、その命令は市民的命令である。後者の観点においては、対立項の統一は把握されず、主体的になっていないのであるから、市民的律法は複数の生けるもののあいだの対立関係を画定する境界を含むものであり、――他方、純粋に道徳的な律法は、一個の生けるものの内なる対立関係の限界を画定するものである。したがって、前者は生けるものの生けるものにたいする対立関係を制約するのにたいして、後者は一個の生けるものの内なる一つの側面、一つの力と、その同じ生けるものの他の面、他の力との対立関係を制約するものであり、そしてそのかぎりで、この存在者の一つの力は、それの他の力にたいして支配的なものになる。市民的律法たりえない純粋に道徳的な律法、すなわち、対立項と統一とが他者という形式をとりえない純粋に道徳的な律法とは、その活動が他の人間たちにたいする活動とか交渉にはならない諸力〔の対立関係〕の制約にかかわる律法だということになる。律法は、それが単に市民的な命令としてはたらく場合には、実定的律法である。そしてそれは、その実質〔的内容〕からみれば道徳的な律法と同じであり、言いかえれば、客体的な対立項の概念的統合は非客体的な統合を前提としており、あるいは〔少なくとも〕かような統合となりうるのであるから、もし市民的律法が道徳的律法に転化され、その当為が外的威力の命令ではなく、自分の概念からの帰結、義務への尊敬となるならば、市民的律法という形式はそれによって止揚されたことになるといえよう。しかしながら、市民的な命令たりえない道徳的命令においても、統合（あるいは制約）そのものが概念や命令としてはたらくのではなく、それなりに主体的ではあるにしても、〔それによって〕制約された力とは異質なものとしてはたらくならば、それらの命令は客体的となりうる。こういう種類の客体性は、概念そのものを恢復し、活動の概念的制約をみずから恢復することによってのみ、止揚されうるであろう。イエスはこのような態度で道徳的命令の実定性に反対し、単なる合法性〔の立場〕に反対し、そして（あらゆる当為、あらゆる命令内容は一方では外来的なものとして告知されるが、他方では概念〈普遍性〉としては或る主体的なものなのであり、したがって当為や命令内容は或る人間的な力の――普遍性の能力たる理性の――所産であり、それの客体性、それの実定性、それの他律を失って、実は人間的意志の自律にもとづくものとして現われてくるのであるから）イエスは律法的なるものは普遍的なものであり、その拘束力は全くその普遍性に存するということを示したのであろうと予想されるかもしれない。しかしこういう行き方では、実定性は部分的にしか除去されえない。そして一方では、ツングース族のシャーマンとか、教会と国家を併せて支配しているヨーロッパの大司教、あるいはヴォグル教徒とか清教徒と、他方では自分の義務命令に聴従する人びととのあいだの差異は、前者は自分を奴隷にしているのに後者は自由であるという点にあるのではなく、むしろ、前者は主人を自分の外にもっているのに後者は主人を自分の内にもっており、しかも同時に自分自身の奴隷となっているという点にすぎない。衝動、性癖、感性的な愛、官能等々、これら特殊的なものごとからみれば、普遍的なものは必然的にかつ永遠に異質なものであり、或る客体的なものである。そこにはどこまでも、牢固たる実定性が存続する。そして、普遍的な義務命令がそのつど帯びる内容が実は或る特定の義務であり、制限されていると同時に普遍的であるという矛盾を含み、しかもその普遍性の形式に乗じて一面的義務をきわめて苛酷な態度で主張するようになると、その実定性はいよいよ我慢のならないものになる。さまざまな人間的関係のうち、たまたまその義務の概念に含まれていないものこそ災難である。なぜなら、義務の概念は、それが単に普遍性という空虚な思想ではなく或る行為として具現される段になると、ただちに他のすべての関係を排除し、あるいは支配してしまうからである。

人間をその全体性において恢復しようとした人物が、人間の分裂状態に冷酷な独善を添えるにすぎないこのような道を進むことは、とうてい不可能であった。彼にとっては、律法の精神に従って行為するということは、義務への尊敬から、感情の抗弁を抑えて行為するということを意味するものではありえなかった。なぜなら精神の二つの分派（心情がこのように分裂した状態であってみれば、このような言い方もやむをえない）は、その一派が〔他派を〕排除するもの、したがってそれ自身において制限されたものであり、他の派は抑圧されたものなのであるから、とりもなおさず、律法の精神に従っているどころか、逆に、律法の精神に背いているからである。

このように道徳性を超越したイエスの精神が、直接に律法に対抗して現われているのは、山上の垂訓においてである。この山上の垂訓は、いくつかの律法の実例に即して律法から律法的な性格、すなわち律法の形式性を取り除こうとした試みであり、律法への尊敬を説くのではなくて、むしろ、律法を成就するが律法を律法としては止揚するもの、したがって律法への服従よりはより高く、律法を無用にするものを提示する試みなのである。義務命令は或る〔理性と感性とのあいだの〕分裂を前提しており、そして概念の支配は当為〔汝なすべし〕として告知されるが、これに反して、この分裂を超越しているものはひとつの存在であり、生の一様態である。この様態は、それの客体の面からみられる場合にのみ排他的であり、したがって制約を受ける。というのは、その排除は、ただ客体の制限性によって生じたものにすぎず、そして客体にかかわるものにすぎないからである。イエスは、彼が律法に対立させ、律法の上位におくものをも、命令として言い表わしているが（私が律法を廃棄しようとしていると思ってはならない。あなたがたはただはっきり〔「はい」とか「いいえ」とだけ〕言え。私はあなたがたに言う、〔悪人に〕手向かってはならない云々。神とあなたの隣人を愛せよ）、この言い表わし方は、義務命令の当為とは全く別な意味での命令なのであり、生けるものが考えられ言い表わされ、その生けるものにとっては異質な概念形式をとって述べられたことから生じた帰結にすぎない。これに反し義務命令は、普遍的なものとして、その本質上、ひとつの概念なのである。そして、生けるものがこのような反省形態において、人びとに向けて語られたものという形式をとって現われているのであるから、すべてのものに優って神を愛し、自分のように隣の人を愛せよという、生けるものにはそぐわない命令的な表現様式をとらえて、これは愛を命ずる律法への尊敬を要求する命令であるとみなしたカントの見方は、すこぶる的外れな見方だったのである。そして、カントはこのように概念と現実との対立関係にもとづく義務命令と、生けるものを言い表わす全く非本質的な表現様式との混同に立脚して、彼が命令と呼ぶもの（──すべてのものに優って神を愛し、自分のように隣の人を愛せよ──）を彼の説く義務命令〔の思想〕へ玄妙に還元している。そして、愛（あるいは──カントがこの愛に含ませなければならないと考えている意味からすれば──すべての義務を欣然として果たすこと）は命令されうることではないというカントの批評は、おのずから無用になる。なぜなら、愛においてはいかなる義務の念も消え去るからである。さらにカントは、さきのイエスの言葉を、いかなる被造物にも達成されえない神聖性の理想とみなして、あらためてそれに敬意を表わしているが、これまたやはり敬意の無駄づかいというものである。というのは、そのような理想においては、義務が欣然として果たされると考えられているわけであるが、そのようなことは、それ自身において矛盾しているからである。なぜなら義務は対立関係を必要とするが、欣然として行なうことは、いかなる対立関係をも要しないからである。そしてカントが彼の理想においてこの統一なき矛盾に平然としておられるのは、彼が理性的被造物（奇妙な取り合わせであるが）は堕落して、かの理想に到達することはできないと宣言しているからである。

イエスは、山上の垂訓を一種の逆説からはじめる。そのなかで彼の溢れでる心情は、期待をもって集まった聴衆に向かって、彼らは彼から全く異質なものを、〔いままでとは〕異なる精神を、全く新しい世界を告げ知らされるのだということを、ただちに歴然と宣言するのである。それ〔この言葉〕は、彼が霊感をもって徳についての世俗の評価からただちに違ざかり、全く異なる正義と光を、全く異なる生の領域〔天国〕を霊感をもって告知する叫びであり、この領域が世俗にたいしてもつ関係は、世俗によって憎悪され迫害されることでしかないと告げる叫びなのである。さて彼がこの天国において彼らに示そうとすることは、律法の消滅ではなく、むしろ律法は全く新しい正義によって——義務主義者たちの正義とは全く異なる、それよりも豊かで完全な正義によって——成就されなければならないということであり、すなわち、律法の欠陥を充溢させることであると説く。

イエスは引きつづいて、この充溢するものをいくつかの律法に即して示している。このように律法よりも豊かな内容をもつものは、律法が命ずるのと同じように行為しようとする傾向性と呼ぶことができる。それは傾情が律法と調和し、このことによって、律法が律法としての形式を失うことである。この傾情と律法の合致は、律法を成就するもの（πλήρωμα）であり、古来、可能性の補完と呼ばれてきた意味での存在である。というのは可能性とは、思惟されたものとしての客体であり、或る普遍的なものであるが、存在は主体と客体の綜合であり、そこでは主体と客体はその対立関係を失っているからである。同様に、一種の徳であるあの傾向性もひとつの綜合であり、そこでは律法（カントがそれゆえにつねに客観的法則と呼んでいるもの）はその普遍性を失い、同じく主体はその特殊性を失い、——両者ともに相互の対立関係を失う。ところがカントの徳においては、対立関係はどこまでも残り、一方は支配するものになり、他方は支配されたものになるのである。ここで傾情と律法との合致とは、律法と傾情がもはや差別がなくなるということである。それゆえに傾情と律法との合致という表現を用いることは、実は全く不適当なことになる。なぜなら、この表現において、まだ律法と傾情とがそれぞれ別個なもの、対立するものとして挙げられているからであり、またともすれば、道徳的志操――法則への尊敬、法則による意志決定――が、それと異質な傾情によって支援されている状態と理解されやすいからであり、さらにまた、合致する両者はそれぞれ異質なものだとすると、両者の合致も単に偶然的で、異質なものの統一にすぎず、或る思惟されたものにすぎなくなるからである。ところがいまの場合では、律法の成就――およびそれと関連するもの――において、義務や道徳的志操などは、傾情に対立する普遍者たることをやめ、そして傾情のほうは、律法に対立する特殊者たることをやめるのであるから、両者の合致は生であり、――そして相異なるもののあいだの関係とみれば――愛であり、すなわち、それはひとつの存在であって、概念（律法）として表現されれば、必然的に律法（すなわち自己自身）と同一である存在であり、また、現実的なもの（傾情）として概念に対立させられれば、これまた自己自身（すなわち傾情）と同一である存在なのである。

たとえば、汝殺すなかれという命令は、あらゆる理性的存在者の意志にとって妥当する原則と認められ、普遍的立法の原理とみなされうる一つの原則である。イエスは、このような命令に和解（愛のひとつの様態）というより高い精神（Genius）を対置するが、この和解の精神は、その律法に反する行為をしないだけでなく、そもそものような律法を全く無用のものとする精神であり、溢れるばかりに豊かな生命を湛えているので、そのような律法のごとき貧寒なものには眼もくれないのである。和解においては、律法はその形式を失い、概念は生命に押しのけられるのであるから、概念においてすべての特殊者を包摂する普遍性が和解には欠けているけれども、この損失は見かけの損失にすぎず、実は無限の所得である。なぜなら、和解の精神が接触をもつ相手は少数の個人にすぎないにしても、これらの個人たちとの交際は豊かな生命に満ちているからである。和解は現実的なものを排除しない。それが排除するものは、思惟されたもの、あれこれの可能性だけである。そして概念の普遍性が包括するこの多様な可能性、命令の形式は、実はすでに生の分裂なのであり、その内容はきわめて乏しく、命令によって禁じられたただ一つの不法行為以外にはいかなる不法行為をも許容するほど無内容なものなのである。これにたいして、和解にとっては、怒りもひとつの犯罪であり、そしてまた、抑圧感にたいする咄嗟の反応、逆に抑圧し返そうとする激情も、それ自体は一種の盲目的な正義であり、したがって敵対者同志のことにせよ、とにかく平等を前提しているわけであるが、それでもやはり、ひとつの犯罪である。これに反して、和解の精神は、内に敵対感情を含むことなく、他人の敵意を止揚しようと努める。もし愛の立場で判断するならば、自分の兄弟を悪漢とののしることも、愛にとっては犯罪であり、しかも怒りよりもいっそう大きな犯罪である。けれども悪漢は、ひとりの人間でありながら世間の人間たちに敵対し、この分解のさなかで孤立に耐えようとしているのであるから、とにかく一目置かれており、依然としてひとかどの者とみなされている。その証拠に、彼は憎まれ、そして大悪漢ならば感嘆されることもあるのである。したがって愛にとっては、他人を馬鹿者呼ばわりするほうがなおいっそう無縁なことである。なぜなら馬鹿者呼ばわりは、相手とのすべての交渉を廃棄するのみならず、彼との存在上の平等と共同性をもすべて廃棄し、観念の上で彼を全く圧制して、いわば無と指称することだからである。

これに反して愛は、祭壇の前まできて〔兄弟との〕不和に思い当たると、供物をそこに残して、まず兄弟と和解しにいき、そののちはじめて清く和らいだ心で一つなる神の御前に歩み出る。愛は、裁判官に訴えて権利の分け前を得ようとはせずに、いかなる権利をも顧慮せずに相手との和解をとげる。

同様にイエスは、夫婦間の貞節の義務や妻を離縁する権利に、愛を対置している。愛は、貞節の義務が禁じなかったもの（〔他の女への〕情欲）をも排除し、その義務に矛盾しているこの〔妻を離縁することの〕許可を、ただ一つの場合を例外として、廃棄する。こうして一面では、愛の神聖さは、姦淫を禁じている律法の成就（*πλήρωμα*）なのであり、そして、人間の多くの側面のどれかひとつが全体へのぼせ上がり、あるいは全体に対立しようとする場合には、この愛の神聖さのみがそれを抑制する力を与え、そして全体の感情すなわち愛のみが、〔人間の〕本質存在の散乱を防ぐことができるのである。――他面では、愛は離縁の許可を廃棄する。そして愛にとっては、愛が生きているあいだも、愛が消えてしまったあとでも、許可とか権利は全く問題外のことなのである。妻にはまだ愛が生きているのに、妻への愛を棄てることは、愛をして愛そのものに背かせ、愛に罪を犯させることである。妻が愛の熱情を他人へ転移させることは、熱情の迷いにすぎず、愛は良心の咎めによってその迷いを償わなければならない。この場合に、愛がその運命を免れえないのはいうまでもなく、そして婚姻関係はそれ自体においてすでに引き裂かれているのである。しかし、夫が権利や法律を楯にとって正義と格式を味方につけようとするのは、妻の愛を傷つけた上にさらに卑劣な冷酷さを付け加える追い打ちである。ただイエスが例外としているのは、妻がその愛を他の男に寄せた場合であって、このときには夫は妻の奴隷としてとどまることができない。モーゼはユダヤ人というこの心の頑なな者たち（σκληροῖς καρδίᾳ）には婚姻に関する律法と権利を定めなければならなかったが、はじめからそうだったわけではない。

現実的なものについての断言において、主体と客体は別々のものと考えられている。あるいは、将来の事柄についての断言において、すなわち或る約束において、決意の表明と実行行為そのものとは、まだ全く別々のものと考えられている。そしてそのいずれの場合も肝腎なことは真実さであり、すなわち別々の両者の堅い連結である。宣誓の場合には、すでに行なわれた行為、もしくは今後行なわれるはずの行為の観念が、或る神的なものに結びつけられ、言葉と行為との連結、両者の結合すなわち存在そのものが、或る存在者に託して表現され、その存在者において現前化される。そして誓われる事柄の真実性を目のあたりに証示することはできないのであるから、真理そのものたる神がそのかわりに立てられ、このようにして一方では、それが宣誓の相手に与えられて彼の内に承服を呼びおこし、また他方では、この存在者が宣誓者の決意へ反作用することによって、真理の反対項〔が行なわれる可能性〕が排除されるわけである。してみれば、どうしてここに迷信があるということになるのか、全く理解できないことである。ユダヤ人が天にかけ、地にかけ、エルサレムにかけ、あるいは彼らの頭髪にかけて誓い、その宣誓を神に託して主の手に任せたとき、彼らは断言内容の現実性をひとつの客体に結びつけ、これら二つの現実を等置して、この客体と断言内容との合致（すなわち両者の同等性）を或る異縁な威力の支配下に委ねた。そして神は言葉を支配する力として立てられ、そしてこの連結は人間自身のうちに基礎をおくべきものとされる。請け合われた行為と、それにかけて請け合われた客体とは、こうして緊密な連鎖となり、一方が廃棄されれば他方も否認され、観念的に廃棄されることになる。したがって約束された行為あるいは断言された現実が現実にならない場合には、それにかけて宣誓が行なわれた客体（天とか地とか）もただちに否認されることとなる。そしてこの場合には、この客体の主が、その客体の返還を請求し、神が自己のものなる客体の復讐をせざるをえない。――請け合われた行為を或る客体的なものへ結びつけるこの誓い方に、イエスは異議を唱えているが、彼は誓いを守る義務を補強しようとするのではなく、むしろ宣誓は全く不必要であると宣言するのである。なぜならイエスによれば、ただ人間の精神のみが人間の言葉を或る行為と結びつける主体であるが、天も地もエルサレムも頭髪も、人間の精神ではなく、他者の所有であり、そして行為の確信をなにか異縁なものに結びつけたり、異縁なものに委ねたりすることは許されず、言葉と行為の連結は生命の通うもの、人間自身にもとづくものでなければならないからである。

目には目を、歯には歯を、と律法は言う。この復讐とその同等性は、あらゆる正義の聖なる原理であり、いかなる政治制度もこの原理にもとづかなければならない。しかしながらイエスは、総じて権利の放棄を要求し、正義や不正義の全領域を愛によって超越することを要求する。この愛のなかでは、権利ともども、不平等の感情、したがって平等を要求するこの感情の主張、すなわち、敵にたいする憎悪も、すべて消え失せるのである。

イエスがこれまで話題にしてきた律法や義務は、全体として市民的な律法であった。そして彼がそれらに与えた補完は、それらが律法や義務であることを確認して、それらのものへの純粋な尊敬を動機として要求するということではなかった。むしろイエスはそれらの律法や義務にたいする侮蔑を表明しており、そして彼の示した補完は、律法や義務命令にてらして判定すればそれらに適っていると みられるにしても、自分は義務や権利の意識を少しもたずに行動するような精神である。イエスは さらに続けて、純粋に道徳的な義務（たとえば施しの徳）について語っている。イエスは、施しの場合 にも祈りや断食の際と同じように、異質な関心の混入、動機の不純さを弾劾している（――人に見ら れようとして施しを行なってはならない――）。行為の目的、すなわち実行以前に考えられた行為は、実 行された行為に等しくあるべきである。行動の想念のうちに、行動内容以外の、人びとに見せるとい う要素を混入させる偽善をイエスは斥けているが、ここではそれだけでなく、自分の行動を義務の履 行として意識することさえも彼は遠ざけているように思われる。〔施しをするときに〕右手がしている ことを左手に知らせてはならないという言葉は、行為の宣伝に関して述べられたとは受けとれない。 この教えは、人に見られるためということとの反対である。したがってその言葉になにかの意味がある とすれば、それは、自分が義務に適っているのだという自己反省を指しているのであろう。行為に際 して、私だけが自分を見守っているのか、それとも他の人びとも私を見守っていると思うのか、―― 私が自分の意識だけを味わっているのか、それとも他の人びとの好評をも味わっているのか、――こ れらはたいした差別ではあるまい。なぜなら、義務という普遍者が特殊者にたいして克ち得た勝利が 他の人びととの好評を博したことを知ることは、いわば普遍性（と特殊性と）を、もはや単に思惟する だけでなく直観することであり（というのは、普遍性は他の人びとの表象のなかにあり、特殊性は現実に存 在する他の人びとのなかに現われている）、そして、義務を果たしたというひそかな自意識は、公式の名 誉と質的に異なるものではなく、ただ名誉においては普遍性が普遍的に妥当すべきものとしてあるだけでなく、現に普遍的に妥当していると確認されるという点で異なっているにすぎない。義務を果たしたという自意識のなかでは、個人は自分自身に普遍性の性格を付与し、自分をひとつの普遍者として――特殊者としての自己自身ならびに特殊性という概念に含まれる多数の個人を高く超越したものとして――直観するのである。なぜなら、普遍性の概念が個人に適用されると、特殊性の概念もただちにこのような個人たちへの関係を帯びることになり、普遍性に適合して義務を果たしたと自認している者にたいして、個人たちは特殊者として対立させられることになるからである。ところがこの自己意識は、世人の好評と同じく、行為そのものにとっては異縁なものなのである。自分こそが義《ただ》しいという確信とこの確信にもとづいて他の人びとを見下す態度（このふたつは、特殊者の普遍者にたいする必然的対立関係のために、必然的に結びついている）については、イエスもルカ伝第一八章9節以下の譬話で語っている。パリサイ人は、自分が他の多くの人びとのように盗賊、不義の人、姦通者ではなく、また自分の傍らにいる収税吏のような者でもないことを、そして規則どおりに断食し、実直な男として十分の一税を怠りなく納めていることを、神に感謝している――彼はそのことに自分の意志の力を自認しないほど卑屈なのである。この実直さの意識について、イエスはそれが真実ではなかったとは少しも述べていないが、しかし自分の胸を打って、神様、どうぞこの罪人《びと》の私をお恵みくださいという収税吏の、打ち伏してあえて天を仰ごうとしない眼差しを、あの実直さの意識に対立させている。自分の義務を果たしたというパリサイ人の意識や、すべての律法を忠実に守ってきたという青年の意識（マタイ一九の20）――これらの満足した良心は、偽善である。なぜなら、ひとつには、それを得ることがすでに行為の意図と結びついていたとすれば、それは自分自身についての、そして行為についての反省であり、行為そのものには属さない不純なものだからであり、また他面では、それが、パリサイ人やあの青年の場合にうかがわれるように、自分自身を道徳的な人間とみる観念だとすれば、この観念の内容は多様な徳性であり、すなわちそれぞれ領分のきまった、実質的にも限定された有限なものにすぎず、したがってそれらをすべてとり集めても不完全なものにすぎないが、自分の義務を果たしたという良心の満足は、全体の実現であると偽善的に自任しているからである。

イエスは祈りと断食についても、これと同じ精神で語っている。これらはふたつとも、全く客体的な命令づくの義務であるか、さもなければ、やむにやまれぬ思いにもとづくものである。それらは、概念において統合されることのできるような対立関係を前提していないから、道徳的義務として示すことのできないものである。イエスはこのどちらの場合にも、人びとがそれによって世間の前でよそおう見栄を非難しており、そしてとりわけ祈りについては、それを喧伝して義務とその遂行という外観を得ようとする態度を非難している。イエスは断食（マタイ九の15）については、その根本にある感情、断食せずにはすまされない切なる要求を眼目にしている。イエスは、祈りの際の不純な思いを斥けるだけでなく、或る祈り方をも教えている。ただ、この祈りの真実さを顧慮するのは、当面の問題ではない。

それにひき続いて記されている、生活の心配を放下《ほうか》し財富を軽んぜよという要求については、マタイ伝第一九章23節にある、富める者が神の国に入ることはむずかしいという章句と同様、何も言うことはない。そのようなお題目は、説教や詩句でしか認められない。なぜなら、このような要求は、われわれには何らの真実味もないからである。財産制度の運命は、われわれにとってあまりにも強大なものとなってしまったので、それについてのとかくの反省は我慢がならないし、その運命をわれわれから切り離すことは、われわれには考えられないほどである。しかしそれにしても見届けておかなくてはならないことは、富の所有とそれと関連するさまざまな権利や配慮が人間〔の生活〕のなかへさまざまな限定を持ちこみ、それらの制限が諸徳にそれぞれの限界を画してさまざまな制約と依存関係を課するので、その範囲内ではさまざまな義務と徳とが成り立つ余地があるにしても、これらの義務や徳は全きもの、十全な生の発揮を許さないということである。なぜなら、このような生はさまざまな客体に拘束され、自己のそとにあるものの制約を受けており、本当ならばけっして生の固有なものとはなりえないものが生にわがものとして付加されているからである。富はひとつの権利であって、他の多様な権利とからみ合っており、したがって一方では、直接に富に関係する徳（すなわち実直）と、他方では、富の領域内で成り立ちうるほかの諸徳とは、必然的に〔他者の〕排除と結びつき、そしていかなる徳の行為もそれ自身において〔何かに〕対立したものとなる。この一事をみても、富は愛や全体性に対立するものであることが明らかである。ここでは、折衷主義とか、二君に仕えるとかということは不可能である。なぜなら限定されぬものと限定されたものとが、それぞれの形態を保持したままで結合されることは、ありえないからである。イエスは義務の補完を説くだけでなく、これらの原理の客体、すなわち義務の次元の本質をも挙示せざるをえなかったが、それは愛に対立する領域を破壊せんがためだったのである。

ルカ伝（第一二章13節）には、イエスが財富にたいする敵対的態度を表明している見地が示されているが、この文脈で読むと彼の見解がいっそう明瞭になる。一人の男が、遺産の分配のことで兄弟に掛け合ってくれるようイエスに依頼した。このような斡旋依頼を拒絶するのは、エゴイストの振舞いだと批評されるであろう。イエスが依頼者に与えた返事をみると、直接には、自分にはその権限がないということを楯にとっているようにみえる。しかし彼の精神の内には、彼が財産の分配にたいして何らの権限をもっていないということよりも深い理由がこめられている。というのは、彼はただちに弟子のほうを振り向いて、所有欲を戒め、そして「愚か者よ、今夜お前の魂は取り上げられるのだ。――するとお前の手に入れたものは、だれのものになるのか。自分の財宝を集めて、神のもとで豊かにならない者はかくのごとくである」という声で神に呼び起こされた富める者の比喩をつけ加えているからである。このようにイエスは、さきの俗人に向かっては、事柄の権利上の側面を示したが、弟子たちに向かっては、法や正義や公平の領域を、また、この領域のなかで人びとが引き受け合う友好的尽力の領域を超越し、財産の次元全体を超越することを要求しているのである。

良心――自分が義務に適っているか適っていないかという意識――に対応するものは、他の人びとに律法を適用して裁くという態度である。「人を裁くな」とイエスは言う、「それは、自分が裁かれないためである。人をはかる秤りで、あなたたちもはかられるであろう」。律法のなかに表現されている或る概念へ他の人びとを包摂することは、一種の弱さと呼ぶことができよう。なぜなら裁く者は、他の人びと〔の存在〕をそっくりそのまま引き受けるほど強くないから彼らを分割するのであり、また、彼らの自立性に対抗して踏みこたえることができず、彼らをあるがままに受けとらず、かくあるべしという一面から把えるからである。この〔分割的〕判断によって、裁く者は観念的に彼らを自分に隷属させた――というのは、概念すなわち普遍性は彼の〔内なる〕概念なのであるから――わけである。

しかし裁きにおいて、彼は同時に、ひとつの律法を承認し、そして自分をその律法への隷属に委ね、自分自身にたいしても裁きの秤りを定めたのである。こうして、彼の兄弟の目のなかの塵をとってやろうという愛情深い建て前をもちながらも、彼自身は愛の王国から転落してしまったのである。

さらにこれに続く一段は、これまでのように、律法よりも高次な領域を律法に対立させて述べているのではなく、たとえば頼みや授受における人間たちの和合のように、生がその美しい自由な領域においてはたらくいくつかの表現を、挙示するものである。これまでの叙述では、人間はさまざまな限定にたいする対立関係にあるものとして描かれ、したがって純粋なものも、むしろそのさまざまな様態において、和解、貞節、誠実などという特殊な徳性の形でしか現われていなかったが、垂訓全体の結びは、このような人間像をこれらの領域のそとで純粋に描き出そうと努めている。この描写は、当然のことながら、不完全な比喩の形をとらざるをえない。

イエスは、律法と義務を愛において廃棄することを最高のものとして示したが、これと対照をなすのが洗礼者ヨハネの流儀である。ルカ伝（第三章）がそのいくつかの実例を伝えている。アブラハムを父祖としているからといって、彼らの怒れる運命を逃れる見込みがどこにあろうかと、ヨハネはユダヤ人に向かって言う。「斧はすでに木の根もとに置かれたのだ。」そして、ユダヤ人が彼に向かって、ではどうすればよいのかとたずねたとき、彼は、下着を二枚もっている者、余分な食べ物をもっている者は、もたない者に分けて与えよと言った。彼は収税吏には、法に定められたよりも多く税を取り立てるなと戒め、兵隊には、人を苦しめず、物をむさぼらず、自分の給料で暮らせと戒めた。なお、ヨハネについては、ヘロデ王とその兄弟の妻との関係についての誹謗にヨハネが加わり、この非難のために、首をはねられたということが知られている（マタイ一四の４）。彼の運命がこうした特定の事件で決せられたことは、上に挙げた実例から知られる彼の宣教が或る特定の徳行の勧進であり、彼の意識のなかに偉大なる精神、すなわち徳のすべてを包容する魂が生きていたことを示していないのと同様である。そして彼はこのことを自分でも感じており、そして、手に箕をもって脱穀場の掃除をするはずの別の人〔の到来〕を予告したのである。ヨハネは、彼が行なった水による洗礼のかわりに、彼ののちに来る者が火と精神によって洗礼を授けることを信じて希望するのである。

# 第三章　律法と罰　愛による運命との和解

イエスは、ユダヤ人の実定性には人間を対立させ、律法とその義務には、徳を対立させ、そしてこれらの徳において実定的人間の不道徳性を止揚した。〔たしかに、〕実定的人間にとっては、そして実定的人間においては、特定の徳行は服務であるから、このような徳行からみれば、実定的人間は道徳的でも不道徳的でもなく、そして彼が或る義務を履行する服務は、ただちにこれらの義務にたいする不徳となるわけでもない。しかし、〔道徳的でも不道徳的でもないという〕この特定の無記性には、同時に他の側面からの不道徳性が結びついている。すなわち、彼の特定の実定的服務には或る限界があって、彼はこれを越え出ることができないゆえに、彼はこの限界の彼方では不道徳的になるからである。したがって、実定的服従の圏内では、道徳的でないということは必ずしも不道徳的であるとはかぎらないが、実定性のもつ非道徳性は、実定的服従とは異なる人間的関係のもう一つの側面にかかわるものなのである。実定的なものにたいして主体性が定立されるとき、服務の無記性やその限界は消失する。人間は自分自身に直面し、彼の性格、彼の行為は、彼自身となる。人間が制限をもつとしても、それは彼自身が立てる制限にほかならない。そして彼の徳がさまざまな限定をもつのも、それは彼自身が画定した限界にほかならない。このように〔美徳と悪徳の〕対立関係を画定する可能性こそ、自由なのであり、美徳か悪徳かという二者択一なのである。〔人間性の〕自然にたいして律法を対立させ、特殊者にたいして普遍〔的原則〕を対立させるときは、二つの対立項がともに措定され、現実に存在しており、一方は、他方なしには存在しない。美徳と悪徳とを対立させる道徳的自由においては、一方〔の達成〕によって他方が排除され、したがって一方が措定されれば、他方は単に可能的であるにすぎない。義務と傾情との対立関係は、愛の諸様態において、すなわち諸徳において、和合を見いだした。律法は、その内容上ではなく、その形式において愛に対立していたのであるから、それは愛のうちに包容されることができたし、この包容において、律法はその〔律法としての〕形態を失ったのである。これに反して、犯罪行為となると、律法はその内容の点からもこれに対立している。律法は犯罪行為によって排除されながら、しかも依然として存在している。なぜなら、犯罪行為とは自然〔的な人間関係〕の破壊であり、そして自然とは全一なるものであるから、破壊は破壊者においても被破壊者においても同じく起こってしまったからである。全一なるものが互いに対立させられたときには、それらの対立項の和合は〔現実には失われ〕、ただ概念のうちに現存するにすぎず、そこにひとつの律法が作られたのである。対立するものが破壊されたときにも、概念すなわち律法は残る。だがその場合には、律法は欠け目を、満たされぬものを表現しているにすぎない。なぜならその内容は現実においては廃棄されてしまったからである。このような律法を刑〔罰の律〕法と呼ぶ。律法のこの形式は生に直接に対立し、その内容においては生の破壊を告示するゆえに、直接に生に対立している。しかし、このような刑法的正義としての形式における律法が、いかにして止揚されうるのかは、いよいよ考えにくいことのように思われる。先に述べた徳による律法の止揚においては、律法の形式が消えただけで、その内容は残っていた。けれどもいまや、形式が止揚されれば、内容もいっしょに止揚されるということになろう。なぜならその内容とは刑罰だからである。

刑罰は犯された律法のうちに直接に含まれている。すなわち、犯罪行為によって他人において犯された権利と同じ権利を、犯罪者は失うこととなるのである。犯罪者は、律法の内容である概念の埒外に逸脱した。なるほど律法は、彼は律法のうちに含まれている権利を失うべきである、と告げるにすぎない。律法は、直接的には、考えられたものにすぎず、したがって犯罪者の概念が権利を失うにすぎない。彼が現実に権利を失うようにするためには、すなわち、犯罪者の概念が失ったものを、犯罪者が現実的にも失うようにするためには、律法は生けるものと連帯して支配力を帯びなければならない。ところで、律法がその畏怖すべき威厳を堅持するにしても（――そして犯罪行為にたいする刑罰が当然の報いであるということはけっして廃棄されえず、律法は刑罰を免じて恩赦を施すことはできない。そのようなことは、律法の自己廃棄になるであろう。たしかに、律法は犯罪者によって破られたのであり、その内容は彼にとってはもはや存在せず、彼はそれを廃棄した。しかし、律法の形式すなわち普遍性は彼を追及し、彼の犯罪行為にまでまつわりつく。すなわち彼の行為は普遍的となり、そして彼が廃棄した〔他人の〕権利は、彼にたいしても廃棄されるのである。このように律法はあくまで存続し、犯行が刑罰に相当するということもあくまで変わらない――）、けれども、みずからの支配力を律法に結合させた生けるもの、すなわち概念において失われた権利を現実において犯罪者から奪いとるべき執行者すなわち裁判官は、抽象的な正義ではなく、ひとりの実在者であり、正義は彼の〔生の〕様態にほかならない。犯行が刑罰に処せられるのは当然であるということはどこまでも変わらないが、正義の執行は必然的なことではない。なぜなら、それは生けるもの〔存在〕の様態として、時によって過ぎ去り、そのかわりに新しい様態が出現することもあるからである。こうして、正義は必然的なものではなく、或る偶然的なものとなる。普遍的なもの（考えられたもの）としての正義と、現実的なもの（すなわち、一人の生ける者のうちに存在するもの）としての正義とのあいだには、矛盾が存在することがある。すなわち、復讐者も相手を赦して復讐を放棄することがあり、裁判官も裁判官として行為することをやめて恩赦を施すことがある。しかし、これでは正義の要求は充たされない。正義は曲げてはならないものであり、そして律法を最高のものとしているあいだは、人は正義から逃れることができず、個体的なものは普遍的な原則の犠牲に供され、すなわち、殺されなくてはならない。それゆえに、多くの同じような犯罪者のうちのひとりの代表者〔を処刑すること〕で律法〔の要求〕が充たされるかのように思うのも、矛盾したことなのである。なぜなら、彼において他の人びとも刑罰を受けるはずだというなら、彼は普遍者であり、彼らの概念なのであり、そして、命令するものあるいは処罰するものとしての律法は、特殊者に対立することによってのみ律法なのだからである。律法が普遍性を保ちうるのは、行為する人間たちあるいは行為が特殊的なものであることを条件としている。そして、行為が特殊的であるのは、それが普遍性（律法）に照らして、律法に適っているか反しているかという観点から考察されるかぎりにおいてである。そのかぎり、行為の律法にたいする関係、行為の特殊な規定は、いかなる変化をも受けつけることができない。それらの行為は現実的なものであり、どこまでも、現にあるとおりのものなのである。すでに行なったことを、行なわなかったことにすることはできない。刑罰は行為を追及し、両者の連関は断ち切ることができない。或る犯行を行なわなかったことにする道が存在せず、犯行の現実が永遠に消えないとすれば、たとえ刑罰を受けたにしても、和解は不可能である。なるほど、律法のなかで表現されている「べし」と犯罪者の現実とのあいだの矛盾は解消され、犯罪者が〔律法の〕普遍性をさしおいて作ろうとした例外は廃棄されたのであるから、律法の要求は充たされたといえよう。けれども、犯罪者は律法と和解したわけではない（律法を犯罪者にとって外在的な実在と考えるにせよ、また彼のなかで良心の咎めとして存在する主観的なものと考えるにせよ）。このどちらの場合でも、犯罪者が自分で作り出して自分にたいして武装させた疎縁な威力、この敵対的な存在者は、刑罰の執行が済めば、犯罪者にはたらきかけなくなり、犯罪者が行なったと同じ仕方で犯罪者にはたらき返したあとでは、追及の手を引く。しかしそれはあくまで威嚇的な姿勢へ引き返すだけであって、その〔刑法としての〕形態が消え去ったり、友好的になったりするわけではない。良心の咎め、良からぬ行為をしたという意識、悪人としての自意識は、刑罰を受けても、少しも変わることがない。というのは、犯罪者は自分がどこまでも犯罪者であるのを見、現実となってしまった自分の行為をどうすることもできず、そして、彼のこの現実は彼の律法意識と矛盾しているからである。

それにしても、人間はこの不安に耐えることができない。彼は悪の恐るべき現実と律法の不易性から、ただ恩寵の許へ救いを求めるよりほかはない。良心の咎めが加える重圧と苦痛に駆り立てられて、彼は再び不誠実さへと走り、それによって自分自身から脱走し、それとともに律法と正義から逃れ去ろうと試みる。彼は抽象的正義の執行者の胸に取りすがってその好意にあずかろうとし、その好意が片眼をつぶって、彼を現実の彼とはちがうように見てくれることを頼みにするのである。彼自身はさすがに自分の犯罪を否認するわけではないが、しかし不誠実にも、〔執行者の〕好意のほうから彼の犯罪を見逃してくれるように願い、そして、他の存在者が彼について抱くかもしれぬ不実な意見や観念のうちに、ひそかな慰めを見いだすのである。これでは、汚れのない道を通って意識の全一性へ立ち帰ることはできないし、刑罰や威嚇する律法や良心の咎めを止揚することもできないであろう。それは不誠実な物乞いの態度だけであろう――もし、刑罰をあくまで絶対的なものとみなさなければならないとすれば、刑罰がいかなる制約をも受けることがないとすれば、また、刑罰とその制約が、それを越え出たいっそう高い次元へ開けていく側面をもっていないとすれば。律法と刑罰を〔人間に〕和解させることはできないが、しかし、運命の和解において止揚することはできるのである。

刑罰は侵犯された律法の作用であり、人間はこの律法から断絶したけれども、依然としてそれに従属しており、刑罰の面でも犯行の面でも、彼はこの律法〔の支配〕から逃れ去ることができない。というのは、律法の性格は普遍性であるから、犯罪者は律法の実質を打ち破りはしたが、その形式〔普遍性〕は存続しており、そして犯罪者が自由に左右しうると思いこんでいた律法は、どこまでも存在しつづけ、ただその内容からみれば、対立的な相で現われ、以前の律法に矛盾する行為という形態をとる。犯罪行為の内容が、いまや普遍性の形態をとって、律法として存在する。律法が以前の律法とは反対のものとなるという律法の逆倒が、すなわち刑罰なのである。――こうして人間は自分を律法から解き放ったときにも、依然として律法に従属しつづけ、そして律法はどこまでも普遍者として存続するのであるから、行為も存続する。なぜなら行為は〔普遍者に従属する〕特殊的なものだからである。——運命として受けとられた罰は、これ〔律法侵犯に対する刑罰〕とは全く別種のものである。運命においては、罰は敵対的な威力であり、或る個体的なものである。そして、この個体的なものにおいては、普遍者と特殊者とは、当為とこの当為の実施とが分離されていないという点でも統一されている。律法においては、一方で律法は規則であり、考えられたものであるにすぎず、他方でそれに対立するもの、現実的なものの存在を必要とし、このものから〔執行の〕力を受けとるのであるから、当為とそれの実行は分離されている。普遍者としての律法が特殊者としての人間（もしくは彼の傾情）に対立しているという見地からみても、運命というこの敵対的な威力においては、普遍的なものは特殊なものから分離されていない。運命とはあくまでも敵なのであり、そして人間もやはり戦う勢力としてこの敵に対立しているのである。これに反して、普遍的なものとしての律法は、特殊なものを支配し、この人間をあくまでも服従させる。或る人間が運命に捉えられたとき、彼の犯罪行為は君主にたいする臣下の叛乱ではなく、主人からの奴隷の逃亡ではなく、隷属状態からの解放ではない。それは死せる状態から脱出して生気を取り戻すことではない。なぜなら、人間は存在しており、そして行為よりも前には離叛も対立者もなく、ましてや支配するものも存在していないからである。律法に規制されるのでもなく、さればといって律法に反するのでもない全一的な生から逸脱することによって、すなわち生を弑害することによってのみ、〔敵対者としての〕疎縁なものが創出される。生を弑害することは、生を非存在たらしめることではなく、生の分割であり、生を一変して敵として創出したということなのである。本来、生は不死であり、弑害されても怖るべき亡霊として出現し、すべての配下を復讐の使者として差し向けてくる。犯人は他人の生を滅ぼしておのれの生を拡げたと思いこんでいるが、この錯覚は吹き消されて、傷つけられた生の亡霊が彼に立ち向かってくる。友人としてマクベスを訪れたバンクォーは、殺されても消滅せず、次の瞬間ただちにその席を、もはや宴会の客としてではなく怨霊として占めていた。――犯人は他人の生に加害したとのみ思っているが、実はおのれの生を滅ぼしていたのである。なぜなら、生と生とは分けられないし、生は全一なる神性のうちにあるからである。犯人が傲りつつ打ち滅ぼしたものは、生ではなく、ただ生の親愛さのみであった。彼は生を敵に創り変えたのである。この行為によって、はじめて律法が創出された。そしていまや、律法の支配が始まる。この律法は、傷つけられた外見上他人の生とおのれの無効にされた生との相等性という、概念における結合である。傷つけられた生は、ここではじめて敵意ある威力として犯人を襲い、彼が虐げたとおりに彼を虐げるのである。こうして運命としての罰は、犯人の行為に等しい反行為であり、彼自身が武装させて敵とした勢力が彼に加える反撃なのである。運命を和解させるには、破壊行為を止揚しなくてはならないようにみえるので、運命との和解は、刑法との和解よりもはるかに考えにくいように思われる。しかし和解の可能性に関するかぎり、運命は生の圏内に存するという点で、刑法よりも有利な立場にある。なぜなら運命は生の領域にはたらいているが、律法と刑罰のもとにある犯罪行為は、克服しえない対立関係、絶対的な現実関係の領域におかれているからである。この領域においては、刑罰が止揚され、悪しき現実という意識が消え去りうるような可能性は考えることもできない。なぜなら、律法とは、生が臣従しなければならぬ威力であって、その上には何ものもなく、神性ですらこの威力を越え出るものではない――というのは、〔そのような〕神性は〔律法という〕最高の思想の帯びる実力であり、律法の執行者たるにすぎないからであるが――からである。〔ひとたび〕

現実〔となった行為〕は、たかだか忘失されうるだけであり、すなわち、ひとつの観念となって、さらに一段と薄弱なもの〔忘却〕のなかに見失われていくことができるだけであって、それの存在はどこまでも存続するものとして立てられているであろう。――しかしながら、罰を運命として受けとる場合には、律法は生よりも遅れてきた低位のものとみなされる。律法は生の空白であり、欠け目のある生が威力となったものにすぎない。そして生はその傷をみずから癒し、分割され敵対していた生は再びおのれ自身へ還帰し、こうして犯罪によって作為された律法と刑罰を止揚することができる。犯人がおのれの生の破壊を感得し（罰を受け）、あるいはおのれが破壊されていることを（良心の咎めにおいて）自認するやいなや、ただちに彼の運命のはたらきが始まる。そして破壊された生の抱くこの感情は、失われた生への憧憬とならずにはいない。不在のものがおのれの分身と認められ、わが許にあるべくして欠けている者として認知される。この欠け目は非存在ではなく、不在として思い知られた生なのである。この運命を可能なものとして受けとる感情は、運命に臨む畏怖であり、これは刑罰にたいする恐怖とは全く異なる感情である。前者は分離にたいする怖れであり、おのれ自身への憚りであるが、刑罰にたいする恐怖は、他者の力にたいする怖れである。というのは、仮に律法がみずから課した律法であると認められる場合にも、刑罰にたいする恐怖においては刑罰は自分ではない外物だからである。もっとも、この怖れが自分の道徳的堕落にたいする怖れとみなされる場合には、話が別になるが、刑罰においてはこの堕落だけでなく、ひとつの不幸の現実――すなわち、人間の概念が失った幸福、人間がそれに値しなくなった幸福の喪失――がつけ加わる。したがって刑罰は、この〔幸福・不幸という〕現実の支配者たる疎縁な他者〔の存在〕を前提しているのであり、刑罰にたいする怖れはこの主人にたいする怖れなのである。——これに反して運命においては、敵対する威力は、敵にまわされた生がふるう威力なのであり、それゆえ運命にたいする畏怖は、疎縁な他者にたいする怖れではない。それに、刑罰は何ぴとをも向上させることがない。なぜなら刑罰は単に〔一方的な〕受苦であるにすぎず、犯人がいかなる連帯も関心ももとうとしない主人にたいする無力感にすぎないからである。刑罰はただ片意地——敵に屈服することを自己放棄としていさぎよしとしない頑固な反抗心——をかきたてることができるだけである。けれども人間は、運命のなかに、おのれ自身の生を認める。そしてそれへの切望は、主人への哀願ではなく、おのれ自身へと立ち帰り近づいていくことなのである。人間は運命のなかにみずから失ったものを感得するので、運命は失われた生への憧憬を呼び起こす。この憧憬は、もしどうしても改善とか向上とか言いたいならば、すでに向上と呼ぶことができる。なぜなら、この憧憬は生の喪失の感情であって、失われたものを生として、かつて生に親しみ深かったものとして認知するからである。この認知はそれだけですでに生の享受である。そしてこの憧憬はきわめて良心的になり、おのれの罪責の意識とあらためて直観された生との矛盾のさなかで、なおもこの生への還帰を自制し、意識の咎めと苦痛の感情を引きのばし、折あるごとにそれをかきたてて、軽薄に生と和合することを慎み、魂の深みからあらためて生と和合し、生をもう一度友として喜び迎えることができるようになるまで待つのである。罪を犯した者たちは、犠牲をささげ、懺悔を重ねて、われとわが身に苦痛を加え、また巡礼者となって粗皮の肌着をまとい、裸足のまま熱砂の上をたどる一歩一歩に、〔みずから犯した〕悪の意識と苦痛を長引かせて幾層倍にし、こうしてひとつにはみずからの喪失と〔生の〕欠け目をあますところなく痛感し、しかしその反面では同時に、たとえ敵対しているにせよ、その生をそこにあますところなく見つめ、このようにしてこの生を再び摂受することを可能にしてきた。というのは、対立は再統一の可能性なのであり、生が苦痛において対立させられていた度合いに応じて、それはそれだけ多く再び摂受されることができるからである。敵対するものも生として感じられるのであるから、ここに運命を和解させる可能性がある。したがってこの和解は疎縁な他者を破壊し抑圧することではなく、おのれ自身についての意識と他者によって別なものと思われたいという希望とのあいだの矛盾でもない。また、律法上の相当性と律法の実現とのあいだの矛盾や、概念としての人間と現実的なものとしての人間とのあいだの矛盾でもない。再びおのれ自身にめぐり合う生のこの感情は愛であり、愛において運命は和解されるのである。このようにみれば、犯人の行為は、断片ではなく、行為は生から、全きものから発するのであって、とりもなおさず全きものを表現するのである。或る律法の違反としての犯罪は、単に断片でしかない。なぜならその行為のそとにすでに、その行為に本属するのではない律法が存在しているからである。〔しかるに〕生から発する犯罪はこの全きものを——しかし分割された形で——表現している。そして敵対する両部分は、再び合一して全体となることができる。正義〔の要求〕は満たされる。なぜなら、犯人はおのれが傷つけたと同じ生を、おのれのうちで傷ついた生として感じとったからである。良心の棘は鈍くなった。というのは、行為からその悪霊が去って、人間のうちにはもはやいかなる敵対的なものもなくなり、その行為はたかだか現実の納骨堂のなかに、記憶のなかに、魂のない骸骨となって横たわっているだけだからである。

しかしながら運命は刑罰よりも広汎な領域をもっている。運命は、犯罪なき罪責によってもかきたてられ、それゆえに、刑罰よりもかぎりなく厳しい。もっとも崇高な罪責、すなわち無罪の罪責にたいして、運命がそれだけ怖るべき姿で立ち現われるときには、運命の厳しさはしばしば歴然たる不正義に転化するようにみえるのである。すなわち律法は対立項のあいだの観念的統合にすぎないがゆえに、これらの概念はとうてい生の多面性を汲みつくすことができないし、刑罰というものは、生が意識にのぼって分離が概念において統一されている範囲内でのみ支配力を発揮するのであるが、まだ分解されずにいた生の諸関係、生き生きと和合しておのずから与えられている生の諸側面にたいしては――諸徳の限界を越えたところでは、刑罰の支配が及ぶことがない。これに反して運命は、生と同じく、買収も利かず制限もできない。運命は時と場合の斟酌をせず、立場や境遇の相違を考慮せず、徳の守備範囲をわきまえはしない。たとえどれほど合法的に、どれほど自己満足をもってなされたにせよ、生が傷つけられるところ、ただちに運命は立ち現われる。それゆえに、かつて罪なきものが苦悩したことはなく、いかなる苦悩も罪責である、ということができる。ただ、純粋な魂が、最高のものを守らんがために自覚的に生を傷つけたのであれば、その名誉はそれだけ偉大であり、不純な魂が意識的に生を傷つけるならば、その犯罪はそれだけ凶悪なものとなる。

運命というものは、他者の行為によってはじめて発生したもののようにみえる。けれども、他者の行為はその誘因にすぎない。運命を惹き起こすものは、他者の行為にたいする応接の仕方、それにたいする反応の仕方なのである。不当な攻撃を受ける者は、抵抗して自己とその権利を主張することもできるし、無抵抗でいることもできる。苦痛に耐えるにせよ戦うにせよ、その反応とともに彼の罪責、彼の運命が始まる。いずれの場合でも、彼は刑罰を受けるわけではないが、しかし不当な目に遭っているわけでもない。戦うときには、彼は自分の権利に固執し、それを主張する。受け身で耐える場合にも、彼は自分の権利を放棄するわけではない。彼の苦痛は、自分の権利を心得ていながらも現実においてそれを堅持する力がないという矛盾なのである。彼は権利のために争わず、そして彼の運命は、彼の意志欠如である。危険にさらされている者のために戦う者は、彼が擁護するものを失ったわけではない。しかしみずから危地に赴くことによって、彼は運命に服したのである。なぜなら彼は、力と力とが相剋する戦場に打ち出て、他者にたいしておのれを賭けるからである。しかし敢為は受苦よりも偉大である。なぜなら敢為は、たとえ敗れても、前もってこの〔敗北の〕可能性を認識しており、したがってこの負い目を自覚的に引き受けたのであるが、これに反して、苦痛を甘受する受動性は、おのれの欠乏にかかずらうのみで、全力をつくしてそれに対抗しないからである。それにしても、敢為が蒙る苦悩もまた、正当な運命である。なぜなら勇敢なる者は権利と実力の領域にみずから立ち入ったのだからである。それゆえに、権利の概念とその現実とのあいだの矛盾をはらんでいる受け身の苦悩と同様に、権利のための闘争もすでに不自然な状態である。というのは、権利のための戦いにも矛盾が含まれているからである。すなわち、権利はひとつの思惟されたもの、したがって或る普遍的なものであって、それが攻撃者においては、もうひとつの思惟されたものであり、そうなると、ここには二つの普遍者があって、互いに否定し合いながらも存在するということになるであろう。同様に、戦い合う両者は、現実的なものとして対立しており、彼らは二つの生ける者であり、生が生と戦っていることになるが、これまた自己矛盾なのである。侵害された者が自衛することによって、攻撃者もやはり攻撃を受け、これによって彼もまた自衛の権利をもつことになり、かくて両者がともに権利をもち、両者がともに戦い合っているゆえに、ともに自衛の権利を主張し合うことになる。こうして彼らは、ひとつには、権利と現実〔実力〕とは無関係であるにもかかわらず、権利上の〔正否の〕決着を暴力と強さに委ねて、権利と現実を混同し、権利を現実に従属させる。さもなければ、彼らはともに裁判官の裁定に服従し、すなわち、互いに敵対しながら武装を解き、死に就く。彼らはみずからの手で現実を支配することを断念し、支配力を放棄して他者が〔裁判官の口から〕おのれの服すべき律法を告げるのを俟つ。彼らはともに、自分の権利の侵害に抗弁し、相手方による処分に反抗してきたのに、いまや彼らが抗議してきた処分に服するわけである。敢為と忍従という二つの対立項が含む真理は、魂の美しさにおいて綜合されて、前者のうちからは生が維持されて対立関係が脱落し、後者からは権利の喪失は残るが〔自己矛盾の〕苦痛は消えることになる。こうして、苦悩なくして権利を止揚すること――生と自由とをもって権利喪失と〔権利〕闘争という次元を超越する心境が出現する。相手が敵意をもって近づくものを手離し、相手が侵害するものをわがものと呼ぶことをやめる人は、喪失の苦悩を免れる。彼は相手方や裁判官によって実力で処分されることを免れ、そしてみずから相手を処分する必要からも逃れる。他人が彼のどの側面に手を触れても、彼はそこから身を退き、それに攻撃を受けた瞬間には、いち早くそれを自分に無縁なものとして他人に委ねるのみである。このようにして自分の〔所有〕関係を放棄することは、自分自身を捨象することであって、その放棄には固定した限界がない。〔高貴な資性の持主は、自分がそのなかで生きてきた諸関係が犯されるとそこから身を退かなくてはならない――というのはおのれ自身を傷つけずにそこに留まることはできないからである――が、これらの関係が生けるものであればあるほど、それだけ彼の不幸も大きくなる。けれどもこの不幸は、〔律法的立場からみて〕不当でも正当でもない。この不幸は、彼がそれらの関係をみずからの意志と自由とをもって放棄するからこそ、彼の〔みずから選んだ〕運命となったのである。このとき、彼がそのことから受けるすべての苦悩は、自由に意志されたものとして正当な苦悩なのであり、いまや彼の不幸な運命は彼自身が自覚的に選んだ運命となったのであり、この意味で正当に〔訴えることなく〕苦悩することが、彼の名誉なのである。なぜなら彼はこれらの権利を敵に与えようとするほどに、これらの権利を超越しているからである。そしてこの運命は彼自身の内にあるゆえに、彼はこれに耐え、これに対抗することもできる。なぜなら、彼の苦悩は他人の優越力に屈服した単なる忍従ではなく、彼自身の所産となっているからである。）自分を救い出すために、人間は自分を殺す。自分のものが他者の支配下におかれるのを見ずに済ますために、彼はもはやそれを自分のものと呼ぶことをやめる。こうして人間はおのれ自身を保たんがためにおのれを破滅させる。なぜなら他人の支配下にあるものは、もはや彼自身ではないであろう。そして攻撃され放棄されることができないようなものは、何もないのである。不幸が大きくなるにつれて、彼の運命は彼が全く空虚のなかへ身を退かざるをえなくなるまで彼を駆り立て、生への断念におけるこの自己抹殺を強いるかもしれない。こうしてこの人間は、運命全体を自己に対置することによって、〔いかなる運命にも同ぜず〕すべての運命を超越した。〔現実の〕生は彼に背いたが、彼が生に背いたのではなく、彼は〔現実の〕生〔関係〕から逃れたが、それを傷つけはしなかった。そして彼は、あたかも不在の友人を憧れるように生に憧れもしようが、生が敵として彼を追跡することはない。彼はいかなる面でも傷つくことがない。彼は、ミモザのように、触れられるとすぐおのれの内に引きこもる。そして生を自分の敵として自分に敵対する運命を挑発するようになるよりもさきに、彼のほうが生から逃避する。このようにしてイエスは、屈辱に汚れた世界と連帯して運命の可能性に捲きこまれることをさけるために、友人たちに父と母その他すべてのものを放棄することを求めたのである。さらに、あなたの上着を奪おうとする者には外套をも与えなさい、もし身体の一部があなたを罪にいざなうなら、それを切ってすてなさい——と教える。このように、おのれ自身を保たんがためにすべてのものを断念する可能性、この最高の自由は、魂の美しさの否定的属性である。けれどもおのれの生を救おうとする者は、それを失うであろう。こうして最高の負い目なさに最高の負い目が結びつき、すべての運命からの超越に、最高の、もっとも不幸な運命が結びつきうるのである。このように権利関係を超越していかなる客体的なものにも捉われることのなくなった心情は、侵害者に許すべき何ものをももたない。なぜなら後者はいささかも彼の権利を傷つけたわけではないからであり、この心情はおのれの客体が侵害されたときには、すでにその権利を放棄していたからである。この心情は和解に向かって開かれている。なぜならこの心情は、みずからいかなる生をも傷つけることがなかったのであるから、あらゆる生ける関係をただちに再び受け入れ、友好と愛の関係に再び立ち入ることができるからである。彼の側からすれば、もともとその妨げになるような敵対的な感情はなく、侵害された権利の意識や、それを恢復しようとする他人への要求もなく、また相手に向かって、相手は自分より低い権利の次元に立っていたのだという告白を要求しようとする傲りもない。他人の過ちを赦し、喜んで他人と和解する用意を、イエスは自分自身の過ちの赦しを得るための条件、自分の敵対的な運命の止揚を得るための条件として明示している。このふたつは、魂の同じ性格の二つの適用例にすぎない。侵害者との和解において〔このような〕心情は、侵害者にたいして正当に得たはずの権利上の対抗関係にもはや固執することはなく、自分の権利を自分の敵対的運命として、すなわち他者の悪霊としてみずから放棄することによって、彼は他者と和解し、したがってみずからはそれだけ生の領域で多くを獲得し、自分に敵対していた生をその分だけ自分の味方とし、神的なものを自分に和解させたのである。こうして彼が自分の行為によって自分に向かって武装させた運命は、夜風のそよぎのなかに吹き散らされてしまったのである。

個人的憎悪は、個人が蒙った〔権利〕侵害から生じ、そこから他人にたいして発生した権利を充たそうと努める憎悪であるが、このほかになお義憤、すなわち義務の違反を非難する厳しい憎悪がある。これは、自分一個に加えられた侵害を憤るのではなく、自分が抱いている〔義務〕観念、すなわち義務命令にたいする違反に憤りをおぼえるものである。この正義の人びとの憎悪は、他の人びとにとっての義務と権利を認知し定立して、他人についての批判において彼らはそれらの義務と権利に従うべきものであることを示すのであるから、同時に自分についてもこの同じ権利と義務とを定立することになる。この正義の人の憤慨は、これらの権利義務の侵害者にたいするもっともな憤激において、彼らが受けるべき運命を定め、仮借するところがないが、そのためにまたみずからも、過誤を許される可能性を失い、その過誤のゆえに身に知らされる運命と和解する可能性を自分からも奪ってしまうことになる。なぜならこの義憤は特定の規定に固執したために、自分の〔有限な〕現実、自分の過誤を越えて舞い上がることをみずからに禁じているからである。ここで参考にすべきは、「人を裁くな、そうすれば、裁かれることもない。人をはかる秤りであなたがたもはかられるからである」という誡命である。ここで秤りとは律法であり権利である。この命令の趣旨は、もしあなたがたが律法に反して他人を大目にみて許すならば、あなたがたも同じことを大目にみてもらえるであろう——悪人どもの同盟は、互いにひとりひとりが悪人たることを許し合う——ということであるはずはなく、むしろ、義《ただ》しい行為と愛とを律法への隷従や命令への服従と受けとらぬよう戒心し、義と愛を生けるものから湧きでるものとみなすようにせよ、ということなのである。さもなければ、あなたがたは自分では左右することのできない強力な支配権を、すなわちあなたがた自身ではない威力を、あなたがたの上におくことを承認することになる。あなたがたは自分にとっても他人にとっても、行為よりも前に〔律法という〕異質なものをおき、人間的心情の全体の一断片にすぎないものを絶対的なものに祭り上げ、そこに律法の支配と、感性または個人の隷属を樹立し、このようにして、運命の可能性ではなく刑罰の可能性を定立することになる。刑罰のほうは〔人間の心情に〕依存せぬものから、外部から来るが、運命のほうは、あなたがたの本然の自然によって来るのであり、この自然は、いまでこそ敵対的なものという性格を帯びてはいるが、まだあなたがたを越えて支配するものではなく、あなたがたに対立しているにすぎない。

他人の挑戦に応じ、侵害者にたいして自分の権利を守り抜いたときに、このような他人の行為によって人間が捲きこまれる運命は、権利の止揚と愛の堅持によって、転ずることができる。しかしこのような運命だけではなく、みずから不法な行為によって生を傷つけたために喚起した敵対的な運命をも、人間はいやます愛の力によって再び眠らせることができる。律法の刑罰は単に正しいだけである。犯罪と刑罰との共通の性格は、両者をつなぐ連関は、〔報復の〕相等性にすぎず、生ではない。さきに犯人が加えたのと同じ打撃を、今度は彼のほうが蒙るのである。暴君にたいしては糾弾者たちが、殺人犯にたいしては絞首刑吏が、その報復者として登場する。そして糾弾者たちと絞首刑吏は、暴君や殺人犯が行なったのと同じ所業をしていながら、まさに同じことをしているという理由で、正義だといわれる。彼らが自覚的に復讐者として行なうにせよ、盲目的な手先として行なうにせよ、刑罰において考慮に入れられるのは彼らの行為のみであって、彼らの心ではない。したがって、〔この刑罰の〕正義においては、和解とか生への還帰とかは全く問題外である。律法の前では、犯人は犯人以外の何ものでもない。しかるに律法が人間的自然の一断片にすぎないように、この犯人もまた人間性の一断片なのである。もしも律法が或る全体であり絶対者であるとされるならば、犯人もまた犯人以外の何ものでもないであろう。ところで運命の敵意のなかにも、当然の罰というものは感得される。しかしこの罰は人間を越える疎縁な律法から来るものではなく、むしろ運命の律法と権利こそ人間のなかから起こるのであるから、ここでは根源的状態への、全体性への還帰が可能なのである。なぜなら〔ここでは〕罪びとは、罪の権化とか人格を帯びた犯罪にすぎぬものではなく、罪びとも人間なのであり、犯罪と運命は彼のうちにあり、彼は再び自分自身に立ち帰ることができ、そして立ち帰るならば、犯罪と運命は彼の下にある。現実の要素は分解し、精神と肉体は分たれた。行為はなお存続するが、いまや過ぎ去ったものとして、一断片として、死せる廃墟としてあるにすぎない。良心の咎めであった現実の部分は、いまや消え失せて、行為の追憶はもはや自分自身の直観とはならない。生は愛において再び生にめぐり合ったのである。罪とその赦しのあいだにも、また罪と罰のあいだにも、異質な第三者は介入しない。生はおのれ自身と不和になり、そして再び和合したのである。

イエスもまた、罪と罪の赦しとの連関、神からの疎隔と神との和解との連関を自然の外に見いだしたのではなかったということは、のちになってはじめて遺漏なく示すことができる。それにしても、イエスが和解を愛と生の充溢のなかにおき、そして機会あるごとにほとんど同じ形でその趣旨を述べていたということは、ここで指摘することができる。信仰を受けたところでは、彼は大胆にも、あなたの罪は赦されている、と言い渡した。この言い渡しは、罰を客観的に消滅させたり、なお存続している運命を棄却したりするものではなく、彼を受け入れる女の信仰のうちに自分自身〔と同じもの〕を、すなわち自分と同じ心情を見分け、そこにこの心情が律法と運命を超越していることを読みとり、この心情に罪の赦しを告知した確かな信頼の言葉なのである。この女のように、ひとりの人間へのかくも全面的な信頼をもって、彼にたいするかかる献身をもって、これほど惜しみない愛の心をもって清き者の腕に身を投ずることができるのは、ただ清い魂、または清められた魂だけである。そしてイエスへの信仰とは、イエスの現実を知り、そして自分の現実が力と強さにおいてイエスに劣っているのを感じて彼の僕《しもべ》となるということより以上のことを意味する。信仰とは精神の精神による認識であり、そして互いに等しい精神のみが認識し理解し合うことができる。等しからざる精神は、自分が相手とは異なる者だということを認識するにすぎない。精神の力の差異、力の程度の差異は不等性ではないが、弱いほうの者は高位の者に幼児のように縋《すが》りつき、あるいは高位の者のところへ引き上げられることができる。弱い者が〔より高い〕他人の内にある美を愛し、そしてその美が自分の内にあるにしても、いまだ発揮されずにおり、すなわち、行為と活動において彼がまだ世界にたいして均衡のある平静に達しておらず、自分の状況にたいする関係について平安な揺ぎない意識に達していないあいだは、彼はまだ信じているにすぎない。たとえばイエスはヨハネ伝第一二章36節で、あなたがた自身が光をもつようになるまでは、あなたがた自身が光の子となるために、光を信じなさい、と言い表わしている。――これに反してヨハネ伝第二章25節では、イエス自身について、イエスは彼を信じたユダヤ人〔がいかなる人間であるか〕を認識していたし、彼らの証《あかし》を必要とせず、彼らの内に自分をはじめて認識したのではなかったので、彼は彼らに心のなかを打ち明けなかった、と述べられている。

生の充溢について、愛の豊かさについて断定を下すこの大胆さ、この確かな信頼は、内に全き人間性を宿している者の感情にこもるものであり、かかる心情の持主は、高名で深遠な人間通の知識を必要としない。そのような知識は、きわめて雑多な事柄、多種多様な一面的観点を統一なしに自分の本性のうちに抱いている分裂した人びとからみれば、広汎にわたり大いに有用な学問であるが、しかし彼らが本当に求める精神そのものは、どこまでも彼らの手から洩れ、ただ区々たる規定だけが眼に映るにすぎない。――ひとりの全き自然〔をそなえた人〕は、一瞬のうちに他人の内なる自然を感得し、その調和と不調和とを感じ分けている。――それゆえにこそイエスは、あなたの罪は赦されているという、ためらうことのない確信に満ちた言葉を放ったのである。

もとよりユダヤ人の精神からみれば、欲求と行為とのあいだ、願望と実行とのあいだ、生と罪悪とのあいだ、さらに罪悪と赦しとのあいだには、乗り越えることのできない裂け目、疎縁なる審廷が立ちふさがっていた。そして罪と和解とを結ぶものが人間のうちに、愛の内にあることをイエスが指摘したときに、彼ら愛なき者たちは憤激し、そして彼らの憎悪が判断の形をとるとき、イエスの説く思想は狂人の思想と断定されざるをえなかった。なぜなら彼らは生きとし生けるすべてのものの調和を、すべての愛と精神と生を、或る疎縁な客体に委ね、人びとを和合させているすべての守護神を見棄てて、自然を疎縁なる他者の手に引き渡していたからである。彼らを団結させていたものは、強者が課した律法という鎖であった。主人にたいする不服従を意識しても、刑罰を受けるか弁償するかすれば、彼らはただちに安心することができた。――彼らの知っている良心の咎めは、単に刑罰への恐怖にすぎなかった。というのは、〔本来の〕良心の咎めは、自分自身に反している自分の意識であり、したがってそれはつねに、（理想に適合しない）現実と対立する理想を前提し、そしてこの理想は人間のうちにあり、人間自身の全き自然の意識なのである。ところがユダヤ人自身の直観においては、彼らのみすぼらしい生活には、見るべき何ものも残っていなかった。すべての高貴さ、すべての美しさを、彼らは自分から放棄し、彼らの貧しさは、無限に豊かなる他者に仕えなければならなかった。この富者からわずかなものを自家用に着服してなけなしの自己感情をかすめとり、そのことによって彼ら――心やましき人間たち――は、もはや自分の現実を貧しくすることなく、いくらか豊かなものとしたのであったが、そうなればなったで、主人が彼らにその横領の償いを求めて供物を献げさせ、またもや彼らを貧窮の感情へ投げ戻すのであろうと、盗難にあった主人を畏怖しないわけにはいかなかった。彼らの全能の債権者に弁済しなければ、彼らの負債は消えなかったし、彼らが弁済し終えたときには、彼らは当然のことながら、もとの木阿弥であった。――これに反して、よりよき魂が負い目を自覚したときには、供物を捧げて何かを買い取るとか、横領品を〔心ならずも〕返還しようとかするのではなく、すすんで乏しきに耐え、心のこもった贈物によって――それも義務や奉仕の感情をもってではなく、燃え上がる祈りにおいて――清純な者に衷心から近づき、（彼自身の内ではまだこのことを自覚することはできないが）欣求された美の直観においてみずからの生を励まし、自由な歓喜を得ようとするのである。けれどもユダヤ人が自分の負債を返還するとき、彼はかつて脱走しようとした役務に再び服したにすぎず、逃亡計画が失敗に帰し奴隷の桎梏をあらためて承認せざるをえないという感情を抱いて祭壇から立ち去ったのである。しかし、愛における和解は、ユダヤ的な服従への復帰ではなく、それからの解放であり、支配を更《あら》めて承認することではなく、生ける絆（愛の精神、相互信頼の精神）の恢復のなかで起こる支配の止揚である。そしてこの精神は、支配という観点からみれば最高の自由であり、ユダヤ的精神からみれば、もっとも不可解な状態なのである。

ペテロがイエスを神的自然として認知し、このことによって人間の全き深みを受けとる彼の感受性を証示し、ひとりの人間を神の子として把えることができたことを証示したので、イエスは彼に天国の鍵を用いる権能を委ね、彼が〔地上で〕結ぶことは、そのまま天上でも結ばれ、彼が〔地上で〕解くことは、そのまま天上でも解かれているであろう、と告げた。すなわち、ペテロがいったん一つの神の意識をもったからには、彼はひとりひとりのうちにその者の神性や非神性を認識することができ、あるいはそれらを第三者におけるそれらの感情として認識して信仰または不信仰の強さを認識することができ、その信仰によってその第三者が残存するすべての運命から解放されて永遠不動の支配や律法を超越しうるかどうかを見分けることができるはずであった。彼は人びとの心情を理解して、彼らの行為が〔赦されて〕過去のものとなってしまったか、それともそれらの行為が――それらの行為の霊である負い目と運命が――なお存続しているのかをわきまえることができるはずであった。彼は「結ぶこと」――すなわち人びとがまだ罪悪の現実のもとに立っていると宣言すること――ができ、また「解くこと」――すなわち人びとが罪悪の現実をすでに超越していると宣言すること――ができるはずであった。

さらにイエス伝のなかには、回帰する罪ある女の美しい例も見えている。それは、有名な罪ある美女、マグダラのマリアである。伝えられる物語は時と場所とその他の状況に異同があって、それらがそれぞれ別個の出来事であったことを暗示しているが、ここでは事件の実否を論ずるのが趣旨ではなく、われわれの論旨には全く変更がないので、それらを同じ伝承のさまざまな形態として取り扱うことを諒とされたい。負い目をさとったマリアは、イエスがさるパリサイ人の家で堅気でまっとうな大ぜいの紳士たち――美しい魂が犯した誤ちにたいしてもっとも苛酷な人びと――と会食していると聞くと、やみがたい心に駆られて一座のあいだを通り抜け、イエスに近づき、背後からその足下に跪く。彼女はそこで泣きくずれ、はふり落ちる涙でイエスの足をぬらし、それを自分の頭髪でぬぐってイエスの足に口づけし、純粋で高価なナルド産の香油で塗油する。おのずからな気品を羞らいに包んだ乙女心は、そのこみあげる愛を声高く語ることを憚り、ましてパリサイ人や使徒たちのような堅気な紳士たちの律法ずくめの視線に抗って衷心を披瀝することもできないが（彼女の罪は、法的秩序をかえりみなかったことである）、それでも深く傷ついて絶望せんばかりの魂は、われとわが気おくれを忘れて叫びだし、彼女自身の節度感をも抑えて、充ち溢れる愛を与えかつ味わい、この衷心の喜びのうちに彼女の意識を沈めざるをえない。――このあふれ出る涙、すべての負い目を消し去るこの生ける口づけ、みずからを披瀝して和解を吸いこむこの愛の至福、これを目のあたりに見て堅気なシモンが感じるのは、イエスがこのような女に関わりをもつのは穏当ではない、ということだけである。彼はこの感情を当然のこととして前提しているので、それを言葉にも出さず、反省もせず、ただちに結論を引き出して、イエスが預言者だとしたら、この女が罪ある女だとわかるであろうに、と言う。この女の多くの罪は赦されている、なぜなら女は深く愛したからである。赦され方の少ない者は、愛し方が深くなかったのだ、とイエスは教える。――シモンにおいては、彼の判断力が発揮されていたにすぎないが、イエスの弟子たちにおいては、もっと高尚な道徳的関心がはたらく。この香油は三百デナリにも売れて、その金を貧しい人びとに施すことができただろうに、と彼らは述べる。貧しい者に施しをしようという彼らの道徳的傾向、彼らの目先きのきいた賢こさ、悟性と結びついた彼らのまめまめしさ――これらの徳は粗野でしかない。なぜなら彼らにはその美しい情景がわからなかっただけでなく、愛する心情の聖なる披瀝をさえ傷つけたからである。なぜこの女を苦しめるのか、女はわたしに美しい業をしてくれたのに、――とイエスはいう。――そしてこれは、イエス伝のなかで美しいという言葉で呼ばれるただ一つの業なのである。愛に充たされた女のみが、行為や教えを応用しようという作為なしに、かくも無心におのれの心中を表現するのである。己惚《うぬぼ》れのためでもなければ弟子たちを本来の見地に立たせるためでもなく、ただその場面の平安を取りつくろうために、イエスは弟子たちが納得できる一つの側面へ彼らの注意を引き向けざるをえないが、これによって情景の美しさを説き明そうとするわけではない。彼は、この女の行為からイエス個人にたいする一種の崇拝を引き出す。心の粗野な人びとにたいしては、彼らが美しい心情を汚すことを防ぐだけで満足しなくてはならない。彼らにはその気配さえ感知できなかった精神の妙なる香気を、がさつな神経の持主に解きかそうとしても、無駄であろう。「この女は前もって私の体に香油を塗って、葬礼にそなえてくれたのである」とイエスは言う。「この女の多くの罪は赦されている、女は深く愛したからである。安心して行きなさい、あなたの信仰があなたを救ったのだ」。マリアはユダヤ人の生活の運命におとなしく従って、いわば時代の自動機械となり、堅気で平凡に、罪もないかわりに愛もなく、一生を過ごせばよかったのだと、ひとは言うであろうか。罪もなく——というのは、彼女が生きていたユダヤ民族の時代は、美しい心情が罪なくしては生きられない時代のひとつだったからである。しかし、この時代にも、いつの時代にも、美しい心情は愛によって、もっとも美しい意識へ立ち帰ることができたのである。

しかし、愛は罪人を運命と和解させるだけではなく、愛はまた、人間を徳性と和解させる。すなわち、もしも愛が徳性の唯一の源泉でないとしたら、いかなる徳も、とりもなおさず悪徳となるであろう。疎縁な主人の律法のもとでの全面的隷従にたいしてイエスが対置したのは、カント的徳性の自己強制〔的克己〕、すなわちみずから課した道徳律のもとでの部分的隷従ではなく、支配にも服従にも関知しない徳、すなわち愛の諸様態〔としての徳〕であった。もしもこれらの徳を一つなる生ける精神の諸様態とみなすことができず、それぞれの徳がみな絶対的な徳であるとするならば、そこには多数の絶対性による解きがたい葛藤が生ずるであろう。そして一つの精神における和合がないならば、いかなる徳にも欠け目が生ずる。なぜなら、それぞれの徳は、その名前からいっても個別的な徳であり、したがって有限化されたものだからである。また徳〔の実践〕が可能となる状況、すなわち〔有徳な〕行為の客体や条件は、偶然的なものである。そのうえ、徳がその客体にかかわる関係は個別的関係であって、同じ徳が他のさまざまな客体にかかわる関係を排除するだけでない〔、他の諸徳がその客体に関係することをも排除する〕。このように、いかなる徳も、その概念からみてもその活動からみても、踏み越えることのできない限界をもっている。人間がこの特定の徳のみをもちながら、その徳の境界を越えて行動するならば、彼はその徳を墨守してあくまでその意味での有徳な人物でありつづけるあまり、現実には悪徳的にしか行動しえなくなる。けれども彼のうちにもうひとつの徳が宿っていて、それが最初の徳の境界の彼方にその〔はたらく〕領域をもっているとするならば、ここで立てられた二つの徳を捨象して、ただ一般的に考えられた有徳な志操はただ一つしかないから、それが葛藤状況に陥ることはありえないということはできる。しかしそれでは、問題の前提条件が無視されたことになる。〔前提条件に従って〕二つの徳が立てられるときには、一方の徳の実行は他方の同様に絶対的な徳の素材を廃棄し、したがって他方の徳を行使する可能性を廃棄することになり、こうして他方の徳の正当な要求は斥けられることになる。一方の〔徳の客体的〕関係のために放棄された権利は、もはや他方の徳の客体的関係のためには放棄されえなくなり、またその権利を他方のために〔放棄するために〕温存するならば、一方〔の徳の客体的関係〕は顧みられずに窮乏せざるをえなくなる。人間関係が多様化するにつれて、徳目の数もふえ、したがってこれらのあいだの必然的葛藤の機会もふえ、それらを同時に充たすことができない状況もたび重なるようになる。多くの徳を具えた人が、彼の世話を求める多数の人びとを同時にすべて満足させることができないために、彼らのあいだに優先順位をつけようとするならば、彼は下位に置いた人たちにたいしては、上位とみなす人たちにたいするほどの負い目はもっていないと宣言することになる。してみれば、諸徳は絶対的義務ではなくなり、悪徳となることさえもあるわけである。――このような人間関係の多面性とこれに即した諸徳の多様性に直面すると、美徳の絶望、美徳そのものの罪悪化は、避けるにも避けられなくなる。諸徳がその限定された形のままで各々確固として絶対的に存立するのだという建て前を放棄し、また各々の徳が登場しうる唯一の場面においても是が非でも登場しなくてはならぬというこだわりを捨てるときにのみ、すなわち、ひとつの生ける精神がもっぱらそのつどの状況全体に従いながらも、その多様性によって分割されることなく自分自身を限定しつつ、みずからは全く無制限に行為するときにのみ、状況はどこまでも多面的であるにしても、それぞれ絶対的で相容れない数多くの徳というものは消え失せるのである。しかしここでは、いかなる徳性も同一の原理にもとづき、この同一不変の原理がさまざまな状況のもとで種々に変容して特殊な徳として現象しているのだという見方は、とることができない。なぜなら、このような原理は或る普遍者であり、したがってひとつの概念であるから、特定の状況にたいしては必然的に特定の適用が、或る特定の徳が、しかじかの義務が登場せざるをえない。（与えられた現実としての多様な状況、同様にすべての現実に妥当する規則としての原理、したがって原理の現実的なものへの適用、すなわちさまざまな徳、これらの〔論理的〕連関は不変である。）このように絶対的に存立しているかぎり、諸徳は互いに破壊し合う。規則による諸徳の統一は見かけの統一にすぎない。なぜならそれは或る思惟されたものにすぎず、このような統一は、多様性を廃棄することもなく和合することもなく、それらをそのままの勢力で存続するに任せているからである。

諸徳の生ける絆、生ける統一は、〔道徳律のような〕概念の統一とは全く異なるものである。それは〔道徳律のように〕、特定の状況にそなえて特定の徳目を掲げるのではなく、きわめて多様な人間関係の交錯のただなかでも、天衣無縫の姿で現われる。その外的な形姿は全く無限に変容するであろうし、二度と同一の形姿で登場することはなく、その表現はけっして規則によって示すことができない。なぜならこの生ける統一は、特殊なものごとに対立する〔観念的な〕普遍的原理の形をけっしてとらないからである。――美徳が、律法にたいする服従の補完であるように、愛は〔個別的な〕諸徳の補完である。諸徳につきまとうすべての一面性、排他性、被制約性は、愛によって止揚されており、もはや有徳な罪悪とか罪悪的な徳行とかいうものはなくなっている。なぜなら愛は、生きとし生けるすべての存在自身の生ける関係だからである。愛においてはすべての分離、すべての制限された状況は消え去っており、したがって諸徳の制限もなくなる。放棄さるべき権利がもはや存在しないとき、諸徳のはたらく余地がどこに残っていようか。イエスは愛こそが彼の友人たちの魂となることを要求して、「私はあなたがたに新しい誡命を授ける、お互いに愛し合いなさい。ひとはそれをみて、あなたがたが私の友人であることを知るであろう」と教えた。

万人に及ぼさるべきであると説かれる人間愛――われわれが関知せず、面識なく、没交渉であるすべての人びとにまで及ぼすべきであると説かれる一般的な人間愛は、白々しい着想であるが、現代の特徴をよく示している。なぜなら、時代の現実はあまりに貧しいために、せめて理想的要求を掲げ、思惟の産物にたいする諸徳を説いて、このような観念的客体において華々しい衣装を示そうとせずにはおられないからである。――隣人への愛は、各人めいめいが現実に交渉をもつ人びとへの愛である。思惟されたものは、愛されるものではありえない。なるほど〔カントの言うとおり〕愛を命ずるわけにはいかないし、愛は感性的であり、傾情である。――しかし、だからといって、愛からその偉大さが奪われることはない。愛の本質は疎縁な他者を支配することではないが、だからといって愛の価値がいささかでも低下するわけではない。愛が何ものをも支配せず、他者にたいする敵対勢力ではないということによって、愛は義務や権利の下位に立つどころか、むしろこのことこそ逆に愛の凱歌なのでである。愛が勝利を得たという言い方は、義務が勝利を得たという場合のように、敵を制圧したということではなく、愛が敵対関係を克服したことを意味するのである。愛が命ぜられたり、生けるものであり精神である愛が名称を付されたりすることとは、愛にとっては一種の不名誉である。愛の名称、愛を反省の対象にすること、愛についての言明は、精神ではなく、愛の本質ではなく、むしろ愛の本質にそぐわないことなのである。そして単に名称として言葉としてのみ、愛は命ぜられることができ、あなたは愛すべきであると言うことができるのである。愛そのものは、いかなる当為をも告げない。愛は、何らかの特殊的なものに対立させられた普遍的な規則ではなく、それは概念の統一ではなく、精神の和合であり神性である。神を愛するとは、生の全体において、無限なるもののうちで自分があらゆる制限を脱しているのを感じることである。この調和の感情のなかには、もとより普遍性は存在しない。なぜなら調和のなかでは特殊なものが、抗争することなく諧調しているからである。そうでなければ、調和はないであろう。そして、あなたの隣人をあなた自身として愛しなさいという言葉は、自分自身を愛するのと同じように隣人を愛せよという意味ではない。自分自身を愛するとは、無意味な言葉だからである。それはむしろ、隣人をあなたである当の者として愛しなさいという意味なのである。これは、どちらかが強いとか弱いとかいうことのない、同じき生の感情である。愛がはじめて客体的なものの威力を打ち破る。なぜなら愛によって、客体的なものの全領域が突きくずされるからである。諸徳はそれぞれの境界によって、その境界の外に依然として客体的なものを定立し、そして徳目が多様であればあるほど、それだけ多くの克服しえない客体的なものの多様性を定立してきた。ただ愛のみが、いかなる境界ももたない。愛が和合しなかったものは、愛にとっては客体的ではない。

愛はそのようなものを見過ごしたか、あるいはまだ展開していないのであって、それは愛に対立させられていないのである。

イエスが彼の友人たちに告げた別離は、愛の晩餐の祝いであった。愛はまだ宗教ではない。したがってこの晩餐も、本当の意味での宗教的行事ではない。なぜなら愛における和合が想像力によって客体化されたもののみが、宗教的礼拝の対象となりうるからである。ところが愛の晩餐では、愛そのものが生きて表現されている。そしてそこでのすべての所作は、愛の表現につきるのである。愛そのものはただ感情として現在しているだけで、同時に形像として現在しているわけではない。感情とその表象とは、想像力によって統合されていない。しかしそれでも、愛の晩餐には或る客体的なものがやはり現われていて、それに感情が結びついているが、それがまだひとつの形像として統合されるにはいたらない。それゆえに、この晩餐は、友情の会食と宗教的行事との中間でおぼつかなく浮遊するものなのであり、そしてこの浮遊状態が、晩餐の精神〔的意味〕を明示することを困難にしているのである。イエスはパンを千切って、「これを取りなさい、これがあなたがたのために与えた私の体である。私を記念してこれを食べなさい」と言い、同様に彼は杯をとって、「みなの者はこの杯から飲みなさい。これはあなたがたや多くの人の罪が赦されるために流された、私の約束の血である。私を記念してこれを飲みなさい」と言う。

アラビア人が他所者と一杯のコーヒーを飲み合ったならば、彼はそれでその他所者と友情の同盟をとり結んだことになる。この共同の行為が両者を結びつけたのであり、そしてこの結びつきによってアラビア人は、その人にたいする忠誠と援助の義理を負うたのである。共同の飲食は、ここでは記号、標識と呼ばれるものではない。標識とそれが指示する事柄とを結びつけるものは、それ自身精神的なものではなく、生ではなく、それは客体的な関係である。標識とそれによって指示された事柄とは互いに無縁であり、両者の結合は両者の外部に、第三者のうちにある思惟された関係にすぎない。誰かと飲食を共にすることは、結合の行為であり結合感そのものであって、慣習化した標識ではないのである。現に敵対関係にある人間たちが同じ杯の葡萄酒を酌み交すことは、自然な人間の感情にそぐわないであろう。この行為にこもる共同性の感情には、お互いの普段の気分が抵抗するであろう。

イエスと彼の弟子たちの共同の晩餐は、それだけでもすでに友情の行為であるが、なお結束を強めるものは、厳粛に同じパンを食べ、同じ杯で酌み交すという行為である。これもやはり、単なる友人関係の標識ではなく、友情そのものの行為と感情であり、愛の精神の行為と感情である。しかしそれに続いてイエスが述べる「これは私の体である。これは私の血である」という言葉は、この行為を宗教的行為に近づけはするが、まだ宗教的行為に化するものではない。この言葉とこの言葉に結びついた、飲食物を分ち与える行為によって、感情は部分的に客体化される。イエスとの共同、彼ら相互間の友情、そして彼らの師である中心点における友情の統合――これらはもはや感じられているだけではない。イエスが皆に分ち与えるパンと葡萄酒を彼が皆のために与えた自分の体と血であると言うことによって、その統合はもはや感じられるだけでなく、可視的になったのであり、それは心像や比喩の形で表象されるだけでなく、ひとつの現実的なものに結びつけられ、パンという現実的なものにおいて示され味わわれることになるのである。このように、一面では感情は客体的になるが、他面ではこのパンと葡萄酒、そして分ち与える行為は、単に客体的であるだけではなく、そこには目に見えるよりも多くのものがこもっている。すなわちこの行為はひとつの神秘的行為なのである。もしも彼らの友情を知らず、イエスの言葉を理解せずにそれを傍観していた人があったとすれば、彼には若干のパンと葡萄酒を分け与えてそれを味わうという行為だけしか見えなかったであろう。あたかも、別れゆく友人たちがひとつの指輪を砕き、それぞれその片割れを身につけたとき、それを傍観していた人には、まだ役に立つ物品を打ち砕いて役に立たない無価値な断片に分割する行為だけしか見えないのと同様である。彼はそれらの断片にこめられた神秘的な意味を理解しなかったのである。このように、客体的にみれば、パンは単なるパンであり、葡萄酒は単なる葡萄酒であるが、ともに、なおそれ以上のものなのである。この「それ以上のもの」は、単に「……と同様に」という比喩的説明としてこれらの客体に結びつけられるものではない。すなわち、あなたがたが食べるパンがひとつのパンの一片であり、あなたがたが飲む葡萄酒が同じ杯から酌まれたものであるのと同様に、あなたがたは個々別々の者ではあるが、愛と精神においては一体であるのだとか、また、あなたがたがみなこのパンと葡萄酒の分け前にあずかるのと同様に、あなたがたはみな私の献身にあずかるのだとか、そのほかいくらでもこの種の「……と同様に」という比喩をそこに見いだせるであろうが、客体的なものと主体的なものの連関、パンと人格とのあいだにある連関は、譬えられたものと譬え、つまり比喩との連関ではない。比喩においては、異なるもの、比較されるものが、切り離され分離されたものとして立てられ、そしてそれらを同等化する比較、すなわち相異なるものの相等性の思惟が要求されるにすぎないが、この「パンと人格の」結合においては、差別は脱落し、したがって比較の可能性もなくなっているのである。ここでは、互いに異質なものがきわめて密接に結びつけられている。ヨハネ伝第六章

56節にある「私の肉を食い私の血を飲む者は、私の内に留まり私も彼の内に留まる」という表現や、ヨハネ伝第一〇章7節の「私は門である」という表現、そのほかこれに似た生硬な取合わせにおいては、組み合わされている項目はどうしても観念のなかで別々の比較項に分離され、その組合わせは比較とみなされざるをえない。しかるにここでは、葡萄酒とパンは（指輪の神秘的な片割れと同じく）神秘的な客体となる。イエスがそれを彼の体、彼の血と呼び、そして享受と感情がただちにそれらに伴っているからである。イエスはパンを裂き、友人たちに与えて「取って食べなさい。これはあなたがたのために献げられた私の体である」と言い、また酒杯をあげて「皆この杯から飲みなさい。これは罪の赦しのために多くの人びとの上に注がれた私の血、新しい結束の血である」と言う。ただに葡萄酒が血であるだけでなく、その血も精神なのである。共同の杯、ともに酌み交すことは、多くの人びとに浸透する新しい結束の精神であり、この精神において多くの生が、彼らの罪からの超越のために飲むのである。「私の父の国であなたがたと共に新しい生を新しく飲むその成就の日にいたるまで、私はもはやこの葡萄の樹からできた酒を飲むことはないであろう。」イエスの流した血とイエスの友人たちとの繋がりは、その血が彼らにとって客体的なものとして彼らのために役立つように流されたという関係ではなく、その連関は（私の肉を食い私の血を飲む者という表現に含まれているように）すべての人びとのためにあり、すべての人にとって同一であるその杯から飲む人びとにたいする葡萄酒の関係なのである。彼らはみな飲む者たちであり、同じ感情が〔彼ら〕すべてのうちにある。同じ愛の精神がすべての者に浸みとおっている。もしもイエスが体を犠牲にし血を流したことから彼らが享けた利益や恩恵が同じであるというのであれば、彼らはこの点でただ同じ観念において統合されているにすぎないであろう。けれども彼らがパンを食べ葡萄酒を飲み、イエスの体とイエスの血とが彼らのなかへ通うことによって、イエスはすべての人びとの内にあり、そして彼の本質は愛となって彼らに神的に浸透したのである。こうして、パンと葡萄酒は単に悟性にたいして存在する客体ではなく、飲食の行為は、単にそれらを消費することによって彼らの身の上に起こった同化ではなく、またその感情も食べ物や飲み物の単なる味覚ではない。イエスの弟子たちがそこで一体となっているイエスの精神は、外的感覚にとっては客体として現前し、ひとつの現実的なものとなった。しかし、客体化された愛、事物となったこの主体的なものは、やがてまたその本性へ立ち帰り、食べられて再び主体的となる。この還帰はこの点からみると、書かれた言葉において事物となっていた思想がやがて読まれることにおいて、或る死せるものとしての客体から立ち帰って本来の〔思想としての〕主体性を恢復するありさまになぞらえられよう。この比較は、もしも書かれた言葉が完全に読みつくされ、それが理解によって物としては消滅するのだとしたら、いっそう適切な比較になるであろう。というのは、パンと葡萄酒の享受においては、これらの神秘的な客体によって感情が喚び起こされ、精神が生けるものとなるだけでなく、それらのもの自身は客体としては消え去るからである。このようにみると、行為が精神のみを、感情のみを与え、悟性からはその対象となるようなものを奪いとり、物質すなわち魂なきものを消尽してしまうほうが、行為としてはいっそう純粋であり、その目的にいっそう適合しているようにみえる。〔これに反して、〕愛し合う者たちが愛の女神の祭壇に供物をささげ、彼らの感情のほとばしる祈りが彼らの感情を最高の焔へと燃え上がらせるとき、女神自身はたしかに彼らの胸中に立ち帰っているけれども、女神の石像は依然として彼らの眼前に立ち続けている。これに反して、愛の晩餐においては物体的なものの姿は消え去って、ただ生ける感情のみが現存している。

しかしながら、感情が残るだけでそれ自体は完全に廃棄されるこの種の物の客体性――それは和合というよりも客体的混合の一種であって、そこでは愛は或るものにおいて可視的になって、そのものに貼付されるが、その或るものは結局は消尽されるべきものである――、まさにこの種の客体性こそは、〔晩餐の〕行為を宗教的行為たらしめなかったものなのである。パンは食べられ、葡萄酒は飲まれるためのものである。それゆえに、それらは何ら神的なものではありえない。それらのものは一面では、それらに貼付されている感情が、その客体性から脱して再びその本性へいわば立ち帰り、神秘的な客体が再び端的に主体的なものとなる点で長所を有するが、しかしその反面、それらのものによっては愛が十分に客体的にならないという事実によって、その長所は失われるのである。或る神的なものは、神的であるからこそ、食べ物や飲み物の形態をとって現前することができないはずである。比喩においては、取り合わされた異質なものごとを一体のものとして受けとるという要求は含まれていない。しかしここでは、事物と感情の結合が求められ、象徴的行為のなかで飲食の行為とイエスの精神における一体存在の感情とが融合することが求められている。ところが事物と感情、精神と現実は、混合することがなく、想像力がそれらをひとつの美しきもののなかで綜合することはけっしてできない。直観され享受されたパンと葡萄酒は、けっして愛の感情を喚び起こすことができず、またこの感情は、直観された客体としてのパンと葡萄酒のうちにけっして見いだされえない。そしてその感情と現実的摂取の感情――パンと葡萄酒を主体化する飲食の感情――とは、互いに矛盾するのである。ここでは、信仰と物、祈念と視・味覚とが、どこまでも異質なものとして現存している。信仰には精神が現前しており、視・味覚にはパンと葡萄酒が現前していて、それらを和合させるものは存在していない。悟性は感情に、感情は悟性に抗らう。この両者がともにそのなかにあって止揚されている想像力は、ここでは為すすべもなく、直観と感情とがそのなかで和合されるような形像を示すことができない。アポロやヴィーナスに接するときは、ひとは大理石を——砕けやすい石塊を——忘れざるをえず、そしてその形姿のうちにただ不死なる神々のみを見、この眺めにおいて同時に永遠の青春の英気と愛の感情にひたされるのである。しかし、ヴィーナスやアポロの像を研磨して石粉とし、そしてこれがアポロだ、これがヴィーナスだと語る人があるとすれば、なるほどその石粉は私の眼前にあり、神々の形像は私の胸中にあるにしても、石粉と神的なものはもはやけっして歩みよって一体となることがないのである。石粉の功徳は、その形態に存していた。いまこの形態は消え去って、石粉が本体となっている。パンの功徳はその神秘な意味に存していた。しかし同時に、パンがパンであり食用になるというその性質にも存していた。したがってそれは礼拝のさなかでもパンとして現前することが求められる。研磨されて石粉となったアポロを前にしても、祈念は残っているが、この祈念は石粉に向けられることはできない。石粉は祈念を思い出させることはできるが、祈念を惹きつけることはできない。ここに哀惜の情が起こる。これは、屍体と生命力の表象とのあいだを調和させるすべもないことを知った悲しみと同じく、この告別と矛盾の感情である。使徒たちの晩餐のあとでは、彼らの先生をいよいよ失うのだという悲嘆がこみ上げてきたが、しかし真正の宗教的行事のあとでは、全心全霊が充たされているはずである。そして今日のキリスト教徒たちのあいだでの聖晩餐を享受したあとでは、清朗さを欠く篤信の驚き、あるいは憂鬱な快活さを帯びた篤信の驚きが起こる。なぜなら一同が分ちもった感情の緊張と悟性とは、一面的なものであり、礼拝は充たされず、なにか神的なものは約束されていたが、いつか口中で融け去っているからである。

# 第四章　イエスの宗教

ユダヤ人のあいだにいきわたっていた〔支配・〕被支配の原理と彼らの無限な支配者とにたいして、イエスがどのように対応し、何を端的に対置したのかを明らかにすることは、もっとも興味ぶかいことであろう。彼らの精神のこの核心点において、〔彼にたいする〕闘争が頑強をきわめたことは、当然である。なぜなら、ここでは彼らの〔信条の〕要諦が攻撃されたからである。ユダヤ精神の個別的分脈にたいする攻撃は、たしかにその原理にも打撃を及ぼすものであるが、しかしこの原理が攻撃されていることは、まだ〔ユダヤ人の〕意識にのぼってこない。個別的事項をめぐる論争の根底に原理そのものの相剋がひそんでいることが次第に強く感知されてくるとき、はじめて不倶戴天の憎しみが生ずるのである。まもなくユダヤ人とイエスのあいだで、ユダヤ人の最高原理にたいするイエスの対立態度が、表沙汰になってきた。

ユダヤ人たちは神を、彼らにたいする主人でありかつ命令者であるものとして仰いでいたが、この神の理念にたいしてイエスは、人間にたいして父がその子らにたいするようにかかわる神の関係を対置するのである。

道徳性は、意識にのぼった物事の範囲内での支配関係を止揚し、愛は道徳性の圏につきまとう制限を止揚するが、その愛そのものの本性も、まだ十全なものではない。〔すなわち〕愛はその幸福な瞬間には、客体性の介入する余地を残さないが、しかしいかなる反省も愛を止揚して再び客体性を恢復し、そしてこれとともにさまざまな有限化の領域が再び始まるのである。したがって、宗教的なものは愛の補完（*πλήρωμα*）であり、反省と愛を和合させ、両者を結合したものとして思惟するものである。すなわち、愛の直観は十全性の必要条件を充たすようにみえるが、しかしそこには矛盾がある。直観し表象するものは、有限化するものであり、ただ有限化された物事のみを受容するものであるが、これにたいして〔本来の〕客体は或る無限なもので〔なくてはならないで〕あろう。〔そして〕無限なものはこの〔直観という〕容器に湛えられることはできないのである。

純粋な生を思惟するとは、すべての〔事実的〕行為を――人間がかつてあったもの・いつかあるであろうもののすべてを――捨離せよという課題である。性格といえば、活動力を捨象したものにすぎず、特定の諸行動に共通な普遍的要素を表現するものにすぎない。〔これに反して〕純粋な生の意識とは、人間があるところのものの意識であろう。そのなかにはいかなる差異もなく、展開された現実的な多様性もない。この単純〔な本質〕は、否定的な単純要素ではなく、抽象によって得られる統一性ではない（なぜなら、抽象の統一性においては、ただ一つの特定要素のみが定立されて他のすべての規定が捨象されているか、それともその純粋な統一性は、あらゆる特定要素を捨象せよという要請の設定にすぎないからであり、否定的な、〔内容的には〕無規定なものだからである。〔これに反して〕純粋な生とは、存在なのである）。〔それに含まれる〕多数性は、なんら絶対的なものではない。――この純粋なもの〔生〕は、あらゆる個別化された生の源泉であり、衝動とすべての行為の源泉である。ところが、人間がそれを信仰するときのように、その純粋なものが人間の意識にのぼされるやいなや、それは依然として人間の内に生動しているが、同時に幾分か人間の外部に定立されている。そのかぎりで、意識する当の者は自分を有限化するのであるから、彼〔の意識〕と無限なものとは完全に一体のものとして存在することはできなくなる。すべての事実的行為とすべての限定を捨象することができ、しかもひとつひとつの事実的行為やすべての限定の魂を純粋に保持することができるときにのみ、人間はひとつの神を信ずることができる。魂をも精神をも宿さぬもののなかには、神的なものは宿っていない。いつも自分が限定されているとのみ感じ、どこまでもあれこれのことを行為しあるいは蒙っていて、そのつど特定の行動をしている自分をしか感じない人の抽象作用においては、限定されたものが精神から捨離されず、〔抽象の結果として得られる〕恒常的なものは、生けるものに対立するものにすぎず、〔生けるものを〕支配する普遍的原則にすぎない。限定された内容の全体は捨象され、そしてこれらの内容の意識を越えたところには、諸客体の総体という空虚な統一が、それらを支配する実在として浮かんでいるにすぎなくなる。この支配と被支配の無限〔な原理〕にたいしては、生の純粋な感情を対立させうるのみである。それはみずからの内にその正統性とその権威とを具えているが、しかしそれが対立者として登場することになれば、この感情は或る特定のものとしてこの特定の人間〔イエス〕において登場することになる。そして彼は、区々たる現実に眩まされ俗化された〔ユダヤ人の〕眼には、〔もはや〕純粋性の直観を与えることができない。彼はこのように特定の者として出現するのであるから、そこでは彼はただ彼の根源のみを、有限化された生のあらゆる形態がそこから彼に湧きでてくる水源として、後

て生きているのである。真に人間的なものを人間であることの中にとらえ、すべてのものとのかかわりのなかで、これを全体として意識にのぼらせようとするよりも、むし

ろ楯にするよりほかはなく、人間としての彼は、自分がいまある全体をひとつの絶対的なものとして典拠にすることができない。彼はそれより高次のもの・変転することなくすべての変転において生きている父〔の意識〕に訴えるよりほかはない。神的なものは純粋な生なのであるから、それについて語られるときには、語られる内容は必然的に、いかなる対立的な要素をも内に含んでいてはならないし、客体的なものごとの関係やそれらを客体的に処理するための活動についての反省的表現は、すべて避けられなくてはならない。なぜなら、神的なものが惹き起こす結果は、ひとえに精神と精神との和合であり、精神のみが精神をとらえ、精神を内に含むのである。――命令する、教える、学ぶ、見る、認識する、作る、意志、〔天国へ〕入る、行く――などという表現は、或る客体的なものをひとつの精神のなかへ取り入れること〔を指すの〕であるならば、客体的なものの関係をしか表現しないのである。それゆえに、神的なものについては、ただ霊感のなかでのみ適切に語ることができる。ユダヤ的教養の示すところによれば、〔ユダヤ人には〕生ける〔人間〕関係のひとつの圏のみが意識にのぼっており、それもむしろ徳行や性質などのような概念の形式で意識にのぼっていたにすぎない。このことは、それらの概念が主として憐憫とか慈悲のような、差別された異質の者たちのあいだの関係のみを表現することになっていたのをみれば、なおさら自然なことであった。福音書記者のあいだでは、ヨハネがもっとも多く神的なものについて、そしてそれとイエスとの連帯について語っている。しかしながらそのヨハネさえも、精神的な関係にかくも乏しいユダヤ的教養のいたすところ、もっとも精神的なものを表わすのに客体的結合関係を用い、一種の現実〔主義的〕言語を使用することを余儀なくされた。それゆえに、この言語はしばしば、為替の文体で感情を表現しようとするよりも、もっと

聞きぐるしく響くのである。天国、天国に入る、私は門である、私は滋養のある食べ物である、私の肉を食う者……等々、これらの味気ない現実の組合わせのなかへ、精神的なものが無理に押しこめられているわけである。

ユダヤ的教養の状態を幼年期の状態と呼び、その言語を未発達な幼児語と呼ぶことはできない。たしかに、そこには、いくつかの深い幼児的な響きがまだ保存され、というよりもむしろ再興されているけれども、そのほかにみられる鈍重で不自然な表現様式は、むしろこの民族の極端な奇型的発展から生じた帰結であって、もっと純粋な本質を具えた者は、どうしてもこの奇型化と戦わざるをえなかったし、それらの形式を用いて自分を表現しようとすれば、そのもとで苦悩したのである。しかも、そのような者自身もこの民族に属しているかぎり、その表現様式なしで済ますことはできない。

ヨハネ福音書の冒頭には、やや本式な言語で神と神的なものについて表現する一連の定立的命題が含まれている。「始めにロゴスがあった。ロゴスは神のもとにあった。そして神はロゴスであった。そのなかには生があった」と言うのは、もっとも単純な反省的言語である。けれども、これらの命題が判断の形をとっているのは、見かけにすぎない。なぜなら、これらの述語は、判断における反省の表現が必然的に含んでいるような概念〔普遍的なもの〕ではなくて、むしろこれらの述語がこれまた存在者であり、生けるもの〔を指しているの〕だからである。このような単純な反省も、精神をもって精神的なものごとを表現するのには適していない。神的なものの伝達に際しては、ほかのどの場合にもまして、それを受けとる者がみずからの深い精神をもって把えることが必要になる。ほかのどの場合にもまして、単なる学習が不可能になり、受動的に受けとることが不可能になる。なぜなら、神的なものごとについて反省の形式で表現されることは、端的に背理だからであり、精神をぬきにしてそれを受動的に受けとる理解は、いっそう深い精神〔的意味〕を充たさずにおくだけでなく、それを受けとる知性、それを矛盾として受けとる知性をも、そのために惑乱させてしまうからである。したがって、このようにどこまでも客体的な言語は、もっぱら読む者の精神のなかで意味と深味を得るのであり、それも、生の諸関係と生けるものと死せるものとの対立関係とが彼の意識にのぼってきた程度に応じて、さまざまな意味と深味を帯びてくるのである。

ヨハネ伝のプロローグを受けとる二つの極端な態度がある。そのうちで、もっとも客体的な受けとり方は、ロゴスを一個の現実、ひとりの個人として受けとる仕方であり、〔その反対に〕もっとも主体的な受けとり方は、ロゴスを理性として受けとる仕方である。ロゴスは、前の受けとり方では特殊的な者として、後者の受けとり方では普遍として理解され、前の受けとり方では個別的な排他的な現実として、後の受けとり方では、単なる思惟されるものとして、理解される。神とロゴスの区別は、反省において存在者が二様の観点で考察される必要があるから成り立つのである。なぜなら反省は或るもの〔存在者〕に、反省されたものという形式を与えると同時に、それを反省以前にあるものとして前提する。すなわち、そのものを一方では、内にいかなる分割・対立をも含まない一体のものとして立て、そして同時に他方では、分割の可能性（一体のものの無限な分割の可能性）をもつものとして立てる。神とロゴスが差別されるのは、神がロゴスの形式において存在する素材であるかぎりでのことにすぎない。そのロゴスそのものは神のもとにあり、両者は一体のものなのである。現実的な事物の多様性・無限性は、現実的になったものとしての無限な分割なのであり、すなわち、すべてのものはロゴスによって存在する。世界は神性〔から〕の流出ではないが（――というのは、そうだとすれば、現実的なものごとはことごとく神的なものになるであろう――）、しかしそれは現実的な事物としては、無限な分割による流出であり、それ〔から生じた〕部分なのである。しかし同時に、その部分（ἐν αὐτῷ〔このもののなかに〕はむしろすぐ近くのοὐδὲ ἕν ὃ γέγονεν〔できたもののうち一つとして……〕にかけたほうがよいほどである）あるいは無限に分割するもの（ἐν αὐτῷをλόγοςにかけて）の内には生があり、個別的なもの（〔生に〕対立せるもの・死せるものとして有限化されたもの）は、同時に、無限な生命の樹のひとつの枝なのである。〔であるから〕いかなる部分も、そのそとに全体がありながら、それ自身もひとつの全体、ひとつの生である。そしてこの生がまた、反省された生としても存在し、すなわち分割の観点、主語と客語の関係においても存在しており、〔したがって〕生（ζωή）であるとともに観られた生（すなわちφῶς〔光〕、真理）でもある。これらの有限なものには、対立関係があり、光にとっては〔その対立者としての〕闇がある。洗礼者ヨハネは光ではなかった。彼はただ光について証《あかし》をしただけである。彼は一体のものを感知していたが、それは純粋な姿で彼の意識に現われたのではなく、特定の諸関係に有限化されて意識されたにすぎない。彼はそれを信仰したけれども、彼の意識は生と等しくはなかった。生と等しい意識のみが（――その場合両者は、生が存在するものであり、意識は反省されたものとしてのこの存在するものである、という点で区別されるにすぎないが――）φῶς〔光〕なのである。ヨハネ自身は光ではなかったが、それでも光は人間の世界に生まれてくるあらゆる人間の内にあった（κόσμος〔人間の世界〕とは人間関係と人間の生の全体のことであり、3節にいうπάντα〔すべてのもの〕やὃ γέγονεν〔できたもの〕よりは狭い意味で用いられる）。人間をφωτιζόμενος〔光に照らされる者〕というのは、人間がこの世に生まれ出るありさまのみを指していうのではない。光は世界そのものの内にもあり、世界は全体として、そのすべての関係や限定をも含めて、光である人間（ἄνθρωπος φῶς）の業であり、みずから発展する人間の業である。ただし、これらの関係がその内で生きている世界は、その人間を――意識にのぼってくる全き自然を――認識せず、全き自然は世界の意識にのぼらずにいる。人間世界は彼（光である人間）の固有のところ（ἴδιον）であり、彼にもっとも親密なものであるのに、彼らは彼を受け入れず、彼を無縁のものとして遇する。しかし彼のうちに自己自身を認知する人びとは、このことによって権能を授かる。とはいえ、この「権能」という言葉は、全く別な〔超人的な〕力とか、全く別な〔異質の〕生命とかを表現するものではなく、生の度合い、その等しさと等しくなさを表現するものにすぎない。彼らは〔このことによって〕別ものになるのではなく、神を認識し、そして自分たちを神の子として認識するようになる。すなわち、彼らは真の光によって照らされた者（φωτιζόμενος φωτὶ ἀληθινῷ）としての人間（ἄνθρωπος）〔イエス〕との連帯（ὄνομα）を自覚するかぎりで、神よりは弱いが神と本性を同じくする者として自己を知るのであり、自分の本質を異縁のものにではなく神の内に見いだすのである。

ここまでは、真理そのものと人間一般について述べられただけである。14節では、ロゴスは個人という様態でも登場してくる。ロゴスはこの形態においてわれわれにも現われた（人の世に現われてきた人間〔ἄνθρωπος ἐρχόμενος εἰς κόσμον〕、このようにとらないと、10節以下の αὐτόν〔彼を〕がかかる言葉が見当たらない）。こうしてヨハネは、単に光（φῶς）についてだけでなく（7節）、その個人についても証《あかし》をした（15節）のである。

神の理念がどれほど崇高化されるにしても、思想を現実に、理性的なものを感覚的なものに対立させるユダヤ的原理は、どこまでも残っていて生を引き裂き、神と世界との連関を死せるものにしてしまう。〔ところが〕この結合は、ただ生ける連帯としてのみ受けとられうるのであり、その場合には、結合されたものの関係については、ただ神秘的にしか語ることができない。

イエスの神にたいする関係を表わすためにもっともたびたび用いられる特徴的な表現は、イエスが自分を神の子と称し、そして神の子としての自分を人の子としての自分に対置していることである。この関係の呼称は、当時のユダヤ人の言語にたまたま残存していて、それゆえそのもっとも適切な表現に属するわずかな自然の響きのひとつである。息子の父にたいする関係は、信念の合致とか主張原則の同等とかいうような概念上の統一、すなわち生けるものを捨象して単に思惟されたものにすぎない統一ではなくて、生ける者たちのあいだの生ける関係、すなわち同一の生である。父と子は同一の生の相異なる様態にすぎず、本質における対立関係に立つものではなく、それぞれ絶対的な多数の実体ではない。してみれば、神の子とは、父たる者と同じ本質のものでありながら、いかなる反省作用にとっても――しかしまたこのような反省作用にとってのみ――別個の存在となるのである。アラビア人がコレーシュ族の個々人を指すときに用いる「コレーシュの子」という表現にも、この個人は単にその全体の一部で、したがって全体は彼のそとにあるというだけでなく、彼自身がまさにこの全体、その部族全体とおなじ全体でもある、という意味が含まれている。このことは、このような自然で未分裂な民族における戦争遂行の仕方にそれが及ぼす帰結からみても明らかである。すなわち、そこではいかなる個人もきわめて残酷に屠り殺されるのである。これに反して現代のヨーロッパでは、いかなる個人も自分の内に国家全体を担っているわけではなく、その連帯は万人にとっての同権という思惟されたものにすぎないのであるから、戦争は個々人にたいしてではなく、各人のそとにある〔国家という〕全体にたいして行なわれるのである。真に自由な民族ならば、どの民族についても言えることであるが、アラビア人においても、ひとりひとりは一部分であると同時に全体でもある。全体はその部分とは別物であるということは、客体（すなわち死せるものごと）についてのみ当てはまるのであって、生けるものにおいては、それの部分は、〔部分であるとともに〕全体と同一でもある。個々別々の客体が〔別々の〕実体として〔みられて〕、しかも同時にそれぞれが個体としてのその資格で（数のうえで）総括されるときには、それらの共通要素である統一は、単にひとつの概念であって実在ではなく、存在するものではない。これに反して、生ける者たちは個々別々にも実在であり、それらの統一もやはり実在である。死せるものの領域においては矛盾であることが、生の領域では矛盾ではない。三本の枝をもつ一本の樹は、これらの枝といっしょに一本の樹を成すが、しかしその樹のひとつひとつの子、一本一本の枝は（またその樹の別の子たちである葉や花は）、それぞれひとつの樹なのである。幹から枝に樹液を伝えてくる繊維は、根と本質を同じくするものである。一本の樹を逆立ちさせて地面に挿しておくと、空中に突き出た根から葉を吹くであろうし、小枝は地中に根づくであろう。――したがって、ここに一本の樹があるというのも、またそれは三本の樹であるというのも、ともに真実なのである。

ユダヤ人たちも、イエスが神と〔自分と〕のあいだに示した関係のうちに、神的なものにおける父と息子のこの本質的同一性を見いだした。彼らは、イエスが神を自分の父と呼ぶので、彼は自分を父と等しくするものだということに気がついた〔ヨハネ五の18〕。神の支配というユダヤ的原理にたいして、イエスは人間の欲求を（飢えを充たす欲求を安息日の祝いに対置したように）対置させることができたが、この対置もまだ一般論にとどまっていた。この対立のいっそう深い発展――たとえば実践的理性の優位〔の思想〕のごとき――は、当時の教養の視野には入っていなかった。その対立態度において、イエスは〔ユダヤ人の〕眼前にただ一個人として映っていたのである。この個人性の観念を遠ざけるために、イエスは特にヨハネ伝では、くり返し神と彼との一体性に訴えている。それによると、父自身が内に生命をもっているように、神は息子に内なる生命をもつことを許し、彼と父は一体のものであり、彼は天から降ったパンなのである等々。これらの「ひどい言葉」（*σκληροὶ λόγοι*）は、それらを比喩的表現として説明して、精神として生命をもって受けとらずに、概念間の統一をそれらに仮託してみても、それだけで穏当な言葉になるわけではない。まして、比喩的な事柄に知性の概念を対立させ、後者を支配的原理として受けとるならば、あらゆる比喩はたちまち真実性のない想像力の戯れや添え物として片づけられ、形象的比喩の生命は消え失せて、そのかわりに客体的な事柄だけが残されることになる。

しかしイエスは、みずから神の子と名乗るだけではなく、また人の子とも名乗っている。神の子が神的なものの様態を表わす表現だとすれば、同様に人の子も人間の様態だということになろう。けれども人間とは、神性のようにひとつなる本性、ひとつなる実在ではなく、一種の概念、或る思惟されたものである。そしてここでいう人の子〔人間の子〕とは、人間という概念に包摂されるもののことなのである。「イエスは人間である」というのは、本式の判断であり、この述語はひとつの実在ではなく、ひとつの普遍的なものである（ἄνθρωπος とは人間〔一般〕、υἱὸς ἀνθρώπου とは一個の人間である）。こうして、神の子は、また人の子でもある。神的なものは或る特殊な形姿において一個の人間として現象するのである。もとより、無限なものと有限なものとの連関は、神聖な秘密である。なぜなら、この連関は生そのものだからである。生を分割する反省は、この生を無限なものと有限なものとへ区別することができる。そして、この有限化（有限なものをそれだけ切り離してみる考察）のみが、神的なものに対立する〔ものとしての〕人間の概念を呈示するのであって、このような反省のそと、すなわち真理においては、その有限化は成り立たないのである。人の子〔という表現〕にこのような意味があることは、人の子が神の子に対置されている個所でもっとも明白に知られる。たとえばヨハネ伝第五章26―27節には、「父が自分の内に生をもっているように、父は息子にも自分の内に生をもつことを許した。そして父はまた息子に権能と裁きの力を与えた。それは息子が人の子だからである」と記され、また同じく22節には、「父は何びとをも裁かない。父は裁きのことを息子に委ねられた」とある。これに反してヨハネ伝第三章17節（マタイ一八の11）には、「神が御子を世界に遣わされたのは、世界を裁かせるためではなく、世界がこの子によって救われるようにするためである」と述べられている。裁くことは、神的なものの行為ではない。なぜなら、裁く者の内にある律法は、裁かれる者に対立している普遍的な原則であり、そして裁きとは、判断すること、〔原則と事件の〕同不同を定めることであり、思惟された統一なり調和しえぬ対立なりを確認することである。神の子は、裁いたり区分したり分割したりせず、対立せるものをその対立状態のままにとどめおいたりしない。神的なものの発露、発動は、律法制定ではなく、律法の支配秩序の維持ではない。そうではなくて、世界は神的なものによって救済されなくてはならないのである。「救済する」というのも、精神について語るにはふさわしくない表現である。なぜならそれは、危険にさらされている者が、その危険にたいして絶対に無力であることを表わしており、そのかぎりで救済とは、互いに疎縁な者の一方から他方へ与えられる行動であるからである。それゆえに、救済された者が、その以前の状態と疎縁になるだけで、それの本質と疎縁になるわけではないという場合にのみ、神的なものの活動を救済として受けとることができるのである。——父は裁かず、そして生を自分の内にもっている子も、父と一体のものであるから、裁きはしない。しかし同時に、彼は人の子であるゆえに、裁きを行なう権能を授けられている。というのは、〔生の〕様態〔である神の子〕は、様態としては有限化されているのであるから、対立関係をなして、普遍的なものと特殊的なものとへ分割されうるからである。彼においては、実質的には、力と権威の点での〔彼と他の人びととの〕比較が成り立ち、形式的には、比較作用と〔比較の原則となる概念としての〕律法と、これと〔裁かれる〕個人との分離もしくは結合、すなわち判断と裁きが成り立つ。しかしまた〔裁きを委ねられた〕人間も、或る神的なものであるのでないとしたら、裁くことができないであろう。なぜなら、神的〔神の子〕であることによってのみ、彼の内に裁きの尺度、分割が可能になるからである。彼が結びまた解く権能を具えているのは、その神的なものにもとづいているのである。なお、裁きそのものも、これまた二様でありうるのであって、神的でないものをただ表象のなかで支配するか、それとも、それを現実において支配するかの、いずれかである。イエスはヨハネ伝第三章18—19節で、「神の子を信じる者は、裁かれない。しかし彼を信じない者は、すでに裁かれたのである」と述べているが、その理由は、その不信仰者がこのような人間〔イエス〕の神にたいする関係（すなわち自分の神的性格）を認識しなかったことにある。「その裁きとは、彼らが真理よりも闇のほうを愛したことにある。」してみれば、彼らの不信仰のなかに、すでに裁きがあるわけである。神的な人間は、支配し抑圧する威力を帯びて悪に近づくのではない。なぜなら、神的な神の子は権威を授かっているが実力を得たわけではなく、彼は世界を現実において処置し攻撃することはなく、その裁きを形罰の意識という形で世界にもたらすのではないからである。彼とともに生きて楽しみえない者たち、絶縁し分離して立つ者たち、これらの者たちがみずから構えた境界を、神の子はこのような有限化として認識する。たとえ彼ら自身（世界）はこの境界をその最高の誇りとして、それを制限とは感ぜず、そして世界の受苦が世界にとっては受苦という形態をとらず、すくなくも或る律法の侵犯の反作用〔としての罰〕という形態をとらなくても、神の子はそれらを有限化的制限として認識するのである。そして彼らは神的なものを自覚せずにいて世界の堕落のなかで快を貪っていても、その不信仰が彼らをいっそう低い次元へ陥れ、それ自身を裁くことになる。

イエスの神にたいする関係は息子の父にたいする関係であるから、人間が神的なものを全く自分のそとに置くか否かに応じて、それが認識として受けとめられるか、それとも信仰をもって受けとめられるか、二様の受けとめられ方があった。認識は上述の関係を認識的に受け入れるために、一方では人間的本性、他方では神的本性という二種の本性を定立し、一方に人間的実在、他方に神的実在をおき、そのそれぞれが人格性、実体性を具え、両者は絶対的に差別されたものとして立てられているゆえに、いかなる関係の様式においても、両者はあくまで二者のままにとどまるものと考えている。この絶対的差別を立てておきながら、これらの絶対的なものたちを親密な関係において一体のものとして思惟せよと要求する人びとは、悟性の領域外にある事柄を告知するという意味で悟性を廃棄するわけではない。彼らはむしろ、絶対的に異なる二つの実体を把握しながら、同時に両者の絶対的統一を承認せよという無理なことを悟性に要求しているのである。したがって彼らは、悟性を立てつつ悟性を破壊しているわけである。これにくらべれば、与えられた二つの実体の差別を受け入れ、そして両者の統一を否認する人びとのほうが、論理的に首尾一貫している。彼らにとっては、差別を認めるのは正当である。なぜなら、神と人間とを思惟することが要求されているからである。そうだとすれば、彼らが統一を否認するのも正当である。なぜなら、神と人間のあいだの断絶を廃棄することは、彼らに求められた最初の要求事項に反することになるからである。彼らはこのようにして悟性の立場を救うけれども、しかしこの二つの実在の絶対的差別の立場にとどまるならば、彼らは悟性の立場を〔絶対的分離を、生の殺害を〕精神の最高原理に高めることになる。ユダヤ人がイエスを受けとめたのは、まさにこの〔悟性本位の〕立場においてであった。

イエスが「父は私の内におり、私は父の内にいる。私を見た者は、父を見たのであり、父を知る者は、私の言葉が真実であることを知っており、私と父とは一体のものである」と語ったときに、ユダヤ人たちはこれを聞き咎めて、「彼は人間として生まれたくせに、自分を神にしている」と瀆神のかどで訴えた。彼ら貧しき者たち、みずからの内にただおのれの悲惨さと賤しい隷従の意識、神的なものにたいする対立の意識——人間的存在と神的存在とのあいだの乗り越えることのできない断絶の意識——しか持ち合わせていなかった者たちが、どうして一人の人間の内に或る神的なものを認知するはずがあったろうか。精神はただ精神のみを認知する。ユダヤ人たちはイエスにおいて、ただ人間のみを、ナザレ人、大工の息子、その兄弟縁者が彼らのあいだに暮らしている者のみを見た。彼はそれだけの者なのであり、けっしてそれ以上の者ではありえない。彼は要するに自分たちと同然の者なのである――ユダヤ人はこう考えた。そしてその彼ら自身は、自分たちが虚しい存在であることを感じていたのである。彼らに或る神的なものの意識を与えようとしたイエスの企ては、ユダヤ人大衆の抵抗に出会って挫折せざるをえなかった。なぜなら、或る神的なものへの信仰、ある偉大なものへの信仰は、糞土のなかに住みつくことはできない。胡桃のなかには獅子の住む余地はなく、ユダヤ人の魂の牢獄のなかには、無限な精神の宿る余地はなく、病葉《わくらば》のなかには生命の全体が息づく余地はない。山と、その山を見る眼とは、主観と客観の関係にあるが、人間と神のあいだ、精神と精神とのあいだには、このような客観性〔と主観性〕の断絶はない。一方は他方にとって全く同一のものなのであって、両者があくまでも他であるのは、両者が認識関係に立つときのみである。子の父にたいする関係についての客体的把握の一分脈、というよりもむしろ、その客体的把握が意志面に適用された一形態は、イエスにおいて別々の人間的本性と神的本性が結合していると考えてこれを崇拝したユダヤ的見地を自分にも当てはめて神との連関を考え、全く不平等な者たちのあいだの愛、せいぜい憐憫でしかありえないような、神の人間にたいする愛を見いだそうと希望する態度である。いったい、子の父にたいする関係として、神にたいするイエスの関係は幼児のような関係である。なぜなら、息子は本質において、精神において、彼の内に生きている父と一体のものであると感じている。この幼児のような関係は、人間が世界の豊かな主宰者の生を自分とは全く無縁であると感じていながら、その主宰者と関係を取り結び、富める人の食卓からこぼれ落ちるパン屑のような贈物によってこの主宰者につながろうとしたがる、あの幼稚な関係とは似てもつかないものなのである。

息子の父にたいする関係としてのイエスの本質は、真実にはただ信仰によって受けとめられるよりほかはなく、そしてイエスは彼の国民に自分への信仰を求めた。この信仰は、それの対象、すなわち神的なるものによって特徴づけられる。現実的な事物への信は、なにか或る客体、或る限定されたものの認識である。そして客体が神とは全く異なるものであるように、この種の認識は神的なものへの信仰とは全く異なっている。「神は精神であり、神を礼拝する者は、精神と真実において礼拝しなければならない。」みずから一個の精神でないような者が、どうして〔他の〕精神を認識することができよう。ひとつの精神から〔他のひとつの〕精神への関係は、調和の感情であり、その和合である。どうして、互いに異質的なものが和合することができよう。神的なものへの信仰は、信仰者自身の内に神的なものが宿っていて、それが信仰する対象の内に自分自身を、自分自身の本性を（たとえこのように見いだされたものが自分自身の本性であるという自覚にはいたらなくとも）再認する――ということによってのみ可能なのである。なぜなら、いかなる人間にせよ、彼自身の内に光と生命が宿っており、彼は光の縁者だからである。そして彼が光によって明るくされるのは、暗い物体が外光を浴びてただ輝くのとはちがって、彼に固有な燃素が点火されて、みずからの焰となって燃え上がるのである。一方で、神的なものから遠ざかり、世俗の現実のもとに捉えられている生活の闇と、他方で、みずからの全く神的な生命、自分自身への信頼――この両者の中間状態が、神的なものへの信仰である。それは、神的なものを予感し認知し、それとの和合を憧れることであり、同じき生の熱望である。けれどもそれは、自分の意識のあらゆる経緯に浸透して、世界にたいするすべての態度を正し、みずからの全存在に息づいているような神的なものの強さには、まだ達していない。してみれば、神的なものへの信仰は、自分自身の本性の神的な性格から由来するのであり、神性の様態のみがこの神性を認識することができるのである。イエスが弟子たちに向かって、人びとは人の子たる私を誰だと言っているか、と尋ねたときに、彼の友人たちはユダヤ人たちの見解をイエスに伝えているが、それによると、ユダヤ人たちはイエスを聖化して人間世界の現実のかなたへ押し上げるときにさえも、なおもその現実から脱却することができず、イエスを単なる一個体として見るのみで、この個体をかの〔聖化された〕イエスと不自然な仕方で結びつけたのであった。しかしペテロがこの人の子〔イエス〕への信仰を告げて、自分はイエスのなかに神の子を認めると告白したとき、イエスは彼を――ほかの人間たちにとってはヨナの子シモンであった人の子を――祝福して、天なる父がこのことをあなたに啓示し給うたのだ、と語った。神的本性をただ認識するためならば、啓示は必要でなかったであろう。キリスト教界の大部分が、この認識を学んでおり、子供たちには奇蹟などによる論証によって、イエスは神であると教えられている。この学習、この信仰の受容を、神の啓示と呼ぶことはできない。命令や鞭打ちでも、そのくらいはできることなのである。「天にましますわたしの父が、このことをあなたに啓示し給うたのだ。」すなわち、あなたの内なる神的なものが、私を神的なものとして認知したのだ。あなたは私の本質を理解した、そしてこの本質があなたの本質に反響したのだ。こうしてイエスは、人間たちのあいだでヨナの子シモンとして通っている者をペテロとし、すなわちイエスの教団の礎となるべき岩盤とした。彼はいまやペテロを、イエス自身の権能と同じく、拘束し解放しうる権能の座に就けた。この権能は、自分の内に神的なものを純粋に宿している本性のみに帰属しうる権能であって、神的なものにたいするあらゆる親疎を識別するためのものである。いまよりしてのちは、天上においてもあなたの判断以外の判断はなく、あなたが地上で、自由なものあるいは拘束されたものとして識別するものは、天の眼からみてもそうなるのである。いまはじめてイエスは、弟子たちに自分の差し迫った運命のことをあえて語ることになる。けれども、ペテロが師の神的性格について抱いていた意識は、たちまち単なる信仰にすぎなかったことが暴露される。それは神的なものを感知していたが、神的なものによって全存在が充たされるまでには達せず、まだ聖霊を拝受してはいなかったのである。

イエスの友人たちがイエスにたいして抱いていた信仰は神のなせる業であるという考え方は、〔福音書のなかで〕しばしば反復されている。特にヨハネ伝第一七章で、イエスは彼らのことを、神が彼に与え給うた者たちと呼び、またヨハネ伝第六章29節では、彼を信仰することを神の業、神的な作用と呼んでいる。神的な作用とは、学習や授業などとは全く異なるものである。ヨハネ伝第六章65節に言うように、「私の父によって差し向けられていなくては、何びとも私のところへ来ることができない」。

しかしこの信仰はまだ、イエスとの交際の最初の段階にすぎない。その交際は、その完成状態においては、イエスの友人たちは彼と一体のものであるというほど親密なものとして描かれている。「彼ら自身が光をもつようになるまでは、やがて光の子らとなるべく、彼らは光を信ずるがよい」（ヨハネ一二の36）。まだ光を信ずるにすぎない人びとと、みずから光の子らである人びととのあいだの区別は、ただ光について証《あかし》を立てたにすぎない洗礼者ヨハネと、個体化された光であるイエスとのあいだの区別に似ている。イエスが内に永遠の光をもっているように、彼を信仰する者たちも無限の生に到達すべきである（ヨハネ六の40）。イエスとの生ける和合がもっとも明らかに描かれているのは、ヨハネ伝における彼の最後の談話においてである。彼らは彼の内に、そして彼は彼らの内にあり、ともに一体のものである。彼は葡萄の株であり、彼らはその蔓である。これらの部分のなかには、全体のなかにあるのと同じ本性、同じ生がある。彼の友人たちのこの完成こそ、イエスが父に願った事柄なのであり、彼がやがて彼らから遠ざかってしまうときに彼らに約束したことなのである。彼が彼らとともに生活しているあいだは、彼らはただ信仰する者にすぎない。なぜなら彼らは自分自身に立脚しておらず、イエスが彼らの教師であり、彼らはこの個人的中心点に依存してきた。彼らはまだ、各自の自立的な生をもたず、イエスの精神が彼らを支配していた。けれども、イエスが遠ざかったあとでは、彼らと神とを隔てるこの〔支配と依存の〕客体性、この障壁もなくなり、そして神の精神が彼らの全存在を生かすことができた。イエスが、「私を信仰する人の身体からは、生の泉が湧きでるであろう」と告げたとき（ヨハネ七の38—39）、ヨハネはこれに注記して、このことは聖霊による全面的霊感というまだ将来のことを指しているので、イエスの弟子たちはイエスがまだ聖化されていないから、まだその聖霊を拝受していなかった、と述べている。〔この完成段階を念頭におけば〕一方でイエスの本質と、他方でイエスへの信仰がその内で生命となりその内で神的なものが現前していた人びととの本質と、この二つのものが異なっているという差別思想は、全面的に排除されなくてはならない。イエスが自分のことを優越的な本性だとしばしば語っているのは、ユダヤ人たちとの対立関係においてなのであって、彼はユダヤ人たちからは自分を分離し、このことによって神的なものに関しても個別者の形態を帯びてくる。私は真理であり生命である、私を信ずる者は……等々、このようにヨハネ伝でくり返される単調な自己主張は、ユダヤ的性格にたいして彼の人格を疎隔することになる。しかしイエスは、この〔ユダヤ〕精神にたいしてはっきりと自分を個別者にするけれども、彼の友人たちに向かうときには、断固としてあらゆる神的人格性、あらゆる神的個体性を放棄して、彼らとひたすら一体のものになろうとし、彼らが彼において一体のものになることを求めている。ヨハネ伝は、イエスは人間の内に何が〔本当に〕あるかを知っていた、と述べている（二の25）。そして自然によせるイエスの美しい信頼のもっとも忠実な鏡は、無垢な自然の姿に接したときの彼の談話（マタイ一八の1以下）である。あなたがたは幼児のようにならなければ、神の国に入ることはないであろう。もっとも幼児にちかい者が、天上世界におけるもっとも偉大な者なのである。そしてこのような幼児を私の名において受け入れる者は、私を受け入れるのであり、幼児の内にその純粋な生を感じ、その本性の神聖なものを認知しうる者は、私の本質を感じた人なのである。この神聖な純粋さを汚す者には、首に挽き臼をかけて深い海底に沈めるのがよいであろう。おお、神聖なものがこのように傷つけられることの哀しい必然よ。美しい魂のもっとも深く、もっとも神聖な哀しみは、その魂にとってもっとも不可解な謎は、天然が破壊され、神聖なものが汚されなければならないという必然なのである。悟性にとっては、神的なものが、そして神との合一が、もっとも不可解なものであるけれども、高貴な心情にとっては、神からの疎隔がもっとも不可解なことなのである。この小さな者たちの一人を軽んじないように心しなさい。なぜなら、天上にいる彼らの天使たちは、天にいます私の父の面をいつも見つめている。ここで幼児たちの天使というのは、なにも客体的な実在という意味に解されてはならない。なぜなら（揚げ足を取るようだが）、ほかの人間たちの天使たちも、やはり神の直観のうちに生きていると考えられなくてはならないからである。天使たちが神を直観するという言葉のなかには、多くのことが巧みに集約されている。没意識的なもの、未発展の合一、神における存在と生命が、神の様態として実在する幼児たちの姿で表象されることになっているゆえに、神から分離されている。けれども彼らの存在、彼らの行為は、神の永遠な直観なのである。精神、神的なものを、その有限化のそとで描き、そして有限化されたものと生けるものとの共同態を描こうとして、プラトンは純粋な生けるものと有限化されたものとを、時間の差別によって分離し、純粋な精神たちはひたすら神的なものの直観の内に生きていたと説き、そしてその後の地上生活においては、かの天上的なものをおぼろげに意識しつつ、同一の精神たりつづけると述べた。イエスはここで、自然（精神の神的なもの）と有限化とを、プラトンとは別な仕方で分離し結合している。幼児の精神は天使として、いかなる現実も実存もなく神の内にあるものとしてではなく、同時に神の子らとして、個々別々のものとして叙述されている。しかし、直観する者と直観されるものとの対立関係、それらが主観と客観であるという関係は、直観そのもののなかで脱落するのである。ここでは、両者の差別は分離の可能性にすぎない。太陽の直観にすっぽりとひたりきっている人間は、彼自身が光の感情にすぎず、光の感情が存在化したものにすぎないであろう。ある他人の直観にひたって生きている人は、そっくりこの他人自身となり、ただ別の者にもなれるという可能性をもっているという違いがあるだけであろう。しかしいったんは別離し不和になった者たちは、合一へ立ち帰り、幼児のごとくになることによって、再び互いのもとへ連れ戻される。けれどもこの再和合を拒んで、頑なに自己を固執する者は、みずから孤立したのである。そのような者には近づいてはいけない。そのような者には関わりをもたぬようにしなさい。そしてあなたがたがこうして交渉を断ち、その孤立状態に束縛されているとあなたが言明する者は、天上においても同様に束縛されているのであり、あなたがたが解放し、自由で和合しているとあなたがたが言明する者は、天上においてもやはり自由であり、神と一体の者であり、もはや神性を単に〔他者として〕直観することがないのである。この一体性をイエスは、もうひとつ別の形で述べている（19節）。あなたがたのうち二人が心を合わせて或ることを願うならば、父はそれをあなたがたに許し給うであろう。願うとか許すとかいう表現は、本来の意味では、客体的物件（*πράγματα*）についての合意にかかわる言葉であって、ユダヤ人の現実〔主義的〕言語は、このようなものを表わす言葉しかもっていなかったのである。しかしここでの客体とは、反省された一体性以外のものではありえない。それは客体としては、或る美しいものであり、主体的には和合である。なぜなら、本来の客体においては、精神と精神が一体のものになることはできないからである。美しいもの――あなたがたのうちの二人もしくは三人の和合（*συμφωνία τῶν δυοῖν ἢ τριῶν*）――は、全体の調和のなかでも美しく、その調和のひとつの響き、それへの諧調であり、調和によって叶えられるものである。それはこの調和の内にあるゆえに、それが一つの神的なものであるゆえに、存在しているのである。そしてこのように神的なものと連帯しているゆえに、二人もしくは三人の者は、同時にイエスとの共同態の内にある。二人もしくは三人が私の精神において和合している（*εἰς τὸ ὄνομά μου*〔私の名前に〕という句は、マタイ伝第一〇章41節のように読む）ところでは、すなわち存在と永生とが私に具わっており、私が存在しているという意味で彼らも集まっているところでは、私は彼らの中央にあり、――そのように私の精神はある。――イエスは彼の個別人格性に反対して――彼の完成された友人たちと対立する彼の本質の個体性（一般に個別人格的な神という思想）に反対して――このように明確な態度を表明している。なぜなら、そのような個別人格性の根拠は、彼の存在が彼らの存在にたいして絶対的に特殊なものだということになるだろうからである。愛し合う者たちの和合に関する次のような表現（マタイ一九の5）も、やはりこのことと連関するものである。二人は――夫と妻は――一体のものになるであろう。こうして彼らは、もはや二人ではなくなるであろう。神がこのように結び合わせたものを、いかなる人間も分離させてはならない。ここで言う結合が、男女相互の生まれながらの定めのみにかかわるのだとすれば、この根拠は離婚の反対理由としてはそぐわないことになるであろう。なぜなら、離婚をしたからといって、その定め――概念による結合――は廃棄されるわけではなく、生ける和合が分断されても、依然として存続するからである。そして生ける結合についてこそ、それが神の業であり、神的なものであると言われているのである。

イエスは彼の民族の全精神にたいする闘争に入り、この世界と全く決裂してしまったのであるから、彼の運命の極まるところは、この民族の敵対精神によって圧殺されること以外ではありえなかった。この没落における人の子［イエス］の栄光は、彼がこの世界とのあらゆる関係を放棄したという消極的なことにあるのではなくて、意識的に頽廃に屈服するなり、無意識に頽廃に忍びよられてそのなかで転々し続けるなりしていくよりも、不自然な世界にたいして自分の本性を拒み、むしろ闘争と没落のなかでこの本性を守ったという積極的なことにあるのである。イエスは自分一身の没落の必然性の意識をもっていたし、弟子たちにもこの必然性を納得させようと努めた。けれども、弟子たちは自分の本質をまだイエスの人格から分離することができなかった。彼らはまだようやく信仰する者にすぎなかったのである。ペテロがこの人の子の内に神的なものの存在を認めたばかりのときに、イエスは彼の友人たちが彼からの分離を意識にのぼせてその思想を担っていく力量があると信じた。こうして彼は、ペテロからその信仰を聞いた直後に、彼らに向かって別離について語った。しかしそれを聞いたペテロの驚愕のうちに、彼の信仰がまだ完成から遠く隔たっていることがうかがわれた。イエス個人が立ち去ったあとではじめて、彼にたいする彼らの依存がなくなり、自主的な精神、すなわち神的な精神が彼ら自身の内にも存立することができたのである。「私が行くのは、あなたがたのためになることだ」と、イエスはヨハネ伝第一六章7節で言う――「なぜなら、私が去らずにいれば、慰める者があなたがたのところへ来ないであろう。その者とは真理の精神（ヨハネ一四の16以下）であり、世界はそれを認知しないゆえに、それを受け入れることができない。だから私はあなたがたを孤児のように見棄てるのではなく、再びあなたがたのところへ来る。そしてあなたがたは、私が生き、あなたがたも生きていることを相見るであろう」。あなたがたが神的なものをもはやあなたがたの外に、ただ私の内にのみ見るのではなく、あなたがた自身が内に生命をもつようになるとき、あなたがたが太初から私とともにあり、われわれの本性は愛と神とにおいて一体であるということが、あなたがたの意識にも現われるであろう（ヨハネ一五の27）――精神はあなたがたをすべての真理のなかへ導き入れ（ヨハネ一六の13）、そして私があなたがたに告げたすべての事柄をあなたがたに想起させるであろう。精神は慰める者であり、そして慰めとは、失われた宝と同じか、それよりも大きな宝を約束することであるとするなら、あなたがたは孤児のように見棄てられるのではない。なぜなら、あなたがたは私が去ることを損失と信じているが、やがてそれと同じものをあなたがた自身が内に受けとることになるのだからである。

イエスはマタイ伝第一二章31節以下においても、個体を全体の精神に対置している。ひとりの人間（人の子としての私）を誹謗する者には、この罪が赦されうるけれども、しかし精神そのものを、神的なものを誹謗する者の罪は、この世でも来たるべき世でも赦されることがない。――口は心の充ち溢れるところから語り（マタイ一二の34）、善い人は善い精神の宝庫から善い行為を施し与え、悪い人は悪い精神から悪事をなすのである。――個々のものを、個人としての私を誹謗する者は、ただ私から絶交するだけで、愛から絶縁するわけではない。しかし神的なものから断絶し、自然そのものを、自然の内なる精神を誹謗する者の精神は、内なる神聖なものをみずから打ち滅ぼしたのであり、それゆえに彼は自分の分離を打ち破って自分を愛へ、神聖なものへ和合させることはできなくなる。あなたがたは特別の徴《しるし》によって動揺させられることはあるかもしれないが、だからといって、いったん見棄てられた自然があなたがたの内で再興されはしないであろう。あなたがたの本質の復讐の女神たちを脅迫することはできるかもしれないが、追い払われた悪霊たちがあなたがたの内に残していった空虚は、愛によって充たされることなく、荒れ狂う女神たちをまた呼び戻すであろう。そして彼女らは今度は、それが地獄の復讐鬼であるというあなたがた自身の意識によって強化されて、あなたがたの破滅を完成させるであろう。

信仰の完成、人間がそこから生まれてきた神性への還帰は、人間の発展の円環を完結させる。すべてのものは神性のうちで生き、生きとし生けるすべてのものは、神性の子たちである。幼児は合一、連帯、全き調和への諧調を、そこなわれぬままに、しかし未発展のままに、内に宿している。幼児は自分のそとなる神々への信仰から、畏怖から出発し、みずからますます多くの行動によって自立と分離を重ねていき、しかしいくたの和合において、根源的な、とはいえいまや発展して、みずから作りだされ感知されるようになった合一へ還帰し、そしてついに神性を認識し、すなわちついに彼の内に神の精神が存在し、そのさまざまな有限化から離脱して様態化を廃棄し、全体が再興されるようになる。神、御子、聖霊である。——すべての国民に教えて（——とは、マタイ伝第二八章19節にある、聖化されたイエスの最後の言葉である——）、彼らをこの神性の連関、父と子と聖霊の関係へひたすようにしなさい。これらの単語の配列だけをみても、「ひたす」ということが水に潜らせること、いわゆる洗礼を施して、ついでに二、三の語を魔法の呪文のように唱えることを意味するのでないことは明らかである。また「教える」（μαθητεύειν）という語も、それに添えた句によって、狭義の教えという概念を取り去られている。神は教えられ学ばれることができない。なぜなら、神は生命であり、ただ生命をもって把えられるだけだからである。彼ら〔すべての国民〕を、（概念ではなく）生と精神における全一なるもの、様態（分割）、そして発展した再和合という連関（マタイ伝第一〇章41節に、預言者を預言者なるゆえに εἰς ὄνομα προφήτου 受け入れる、とある意味でこの ὄνομα を解して）で充たしなさい。マタイ伝第二一章25節でイエスは、ヨハネの洗礼（βάπτισμα）はどこから来たか、天上からか、人間たちからか、と尋ねている。βάπτισμα とは、精神と性格の全的な聖別であって、そのとき水に浸すことも考えられているかもしれないが、それはあくまで付けたりにすぎない。しかしマルコ伝第一章4節においては、ヨハネが彼の精神的結盟に加入させるときに用いたこの儀式を考える余地は全くない。そこでは、ヨハネは悔い改めることによって罪の赦しを得る βάπτισμα を宣べ伝えている。同章8節でヨハネは、私はあなたがたに水で洗礼を施したが、かの人は人びとを聖霊と火で洗礼するであろう（ルカ三の16）と述べている。（ἐν πνεύματι ἁγίῳ καὶ πυρί は、マタイ伝第一二章24節のごとく、ἐν πνεύματι θεοῦ ἐκβάλλω τὰ δαιμόνια〔神の精神において、神と一体のものとして、悪霊を追い出し〕と同様に読む）。彼はあなたがたを火と神的精神をもって押しつつみ、かつ充たすであろう。なぜならみずから精神に（ἐν πνεύματι）（マルコ一の8）充たされて他の人びとを聖別する人は、彼らを聖霊のうちへ、御名のなかへも（εἰς πνεῦμα, εἰς ὄνομα）（マルコ二八の19）聖別するのだからである。彼らが受け入れて彼らの内に生ずるものは、もともと彼の内にあるものと別のものではないのである。

彼の精神にまで教育された人びとを水中に潜らせるというヨハネの習慣（イエスについては、このような儀式は知られていない）は、意味深い象徴的な行為である。無限なものへの希求、無限なもののなかへ融け入りたいという憧れにこれほど同質的な感情は、充ち溢れる水のなかへ身を沈めたいという感情をおいて、ほかにはない。飛びこむ者の眼前にある異質のものは、たちまち彼の全身を包んで流れ、彼の身体のどの部分においても触知される。彼は世界から、世界は彼から取り外されており、彼はひたすら、感じられた水であり、その水が彼のいるいたるところで彼に触れており、そして彼が水を触知するところにのみ彼は存在している。充ち溢れる水のなかには、いかなる隙間も境界もなく、いかなる多様性も差別もない。その感情は、もっとも単純な感情であって、いかなる散乱もない。いったん水に潜った者は、再び水面に現われ、水塊から離れ、すでにして水から別れているが、しかしまだいたるところで水が滴っている。水塊が彼から離れるやいなや、彼のまわりの世界が再び差別の相をとりはじめる。そして彼は浩然として意識の多様性へ立ち帰ってくる。東洋的な地平の陰影のない蒼空と形態のない単純な平原を見放つときには、あたりを取り巻く空気は感じられず、そして想念の揺曳はその遠望とは全く異なっている。水中に潜った者においては、ただ一つの感情があり、世界の忘却があるだけである。それはすべてのものを放下して、すべてのものから脱却した孤独さである。マルコ伝第一章9節以下に述べられているイエスの洗礼は、このように従来のすべての経緯から取り外すこと、ひとつの新しい世界へ霊感をもって聖別することであるようにみえる。この新しい世界では、現実に存在するものが現実と夢とのあいだで、新しい精神の前に未分のままに浮かんでいるのである。イエスはヨハネによってヨルダン河に漬けられた。そしてただちに水中から出てくると、彼は天が裂けて聖霊が鳩のように彼の上に舞いおりてくるのを見た。そのとき天上から声があって、あなたは私の喜びとした愛《いと》し児であると告げた。そのあとすぐに聖霊が彼を沙漠へ投じ、彼はそこに四十日のあいだ、悪魔の試練を受けつつとどまり、彼は野獣とともにあり天使たちが彼に仕えていた。イエスは水から登るときに、最高の霊感にみちていたので世界のなかにとどまることができず、荒野へ駆り立てられたのであるが、そこで彼の精神の活動はまだ日常の現実の意識を自分から分離していなかった。彼がそのような分離にすっかりめざめて、確かな足どりで世界のなかへ、しかしあくまで世界に対抗して立ち入っていったのは、四十日過ぎてからのことである。

それゆえに、μαθητεύσατε βαπτίζοντες〔洗礼して教えよ〕という表現には、一段と深い意味がこもっているのである。――「私には天国と地上のあらゆる権能が与えられた」（ヨハネ伝第一三章31節でイエスは、ユダがイエスをユダヤ人に引き渡すために晩餐の集まりから立ち去った瞬間に――イエスが彼よりも偉大な父のもとへ帰郷しようとしていた転機に――彼の栄光についてこう語っている。そこではイエスがすでに、世界が彼につきつけたあらゆる要求から取り外され、世界が彼に関与しうるすべてのものから取り外された姿で描かれているのである）――「私には天上でも地上でもあらゆる権能が与えられている。そして彼らに説いて、彼らを父と子と聖霊の関係へ導き入れ、水が潜水したものをその存在のあらゆる部分で包みこみ触知されるように、その関係で彼らを包み充たすようにしなさい。そして私が世界の完成の日にいたるまで常にあなたがたと共にあることを知りなさい。」それはイエスがあらゆる〔世俗的〕現実と個別人格から超越したものとして現わされている時点であるから、そこで彼の本質の個別性や人格性を考えることは全くできない。彼は彼らの内にあり、その彼らの本質は神的精神に浸透され、神的なもののなかへ聖別され、彼の内にいま完成される神的なもののなかで生動しているのである。

父と子と聖霊の関係のなかへひたすことを、ルカ伝（二四の27）は遙かに薄弱な表現で、キリストの御名を宣べ伝え、この御名によって悔い改めと罪の赦しを弘布することだと述べている。その宣教はエルサレムから開始されることになっており、彼らは実際の出来事の証人となり、イエスは彼らに父の約束を贈りとどけることになっているので、彼らは高みからの力を帯びる以前にエルサレム以外のところで宣教を開始してはならない、と告げられている。単なる教義ならば、宣伝されることもできるし、とくべつ神聖な精神がなくても、さまざまな出来事の証拠で裏づけることもできる。しかしこのような布教は聖化ではなく、精神の浸透ではない。マルコ伝では――その最後の章が全く真正とはいえないにしても、その調子はいかにも特徴的である――このイエスの告別ははるかに客体的な言葉で表現されている。そこでは精神的な内容は、むしろ平凡なきまり文句のようにみえ、その表現は教会の慣習によって冷えきった常套語のようにみえる。福音（何の福音という説明もないので、それは一種の術語になっている）を宣べ伝えなさい。信仰し受洗した者は救われ、信仰しない者は罪を言い渡されるであろう――ここでは、「信仰し受洗した者」という言葉は、もう宗派や教団の記章に用いられる、魂のぬけた特定用語という観を呈し、それの概念内容は周知のこととして前提されているかのようである。「私はいつまでもあなたがたと共にある」という精神のこもった言葉を用いて、信仰する人びとが神と栄光のイエスの精神に充ち溢れていることを表現するのではなくて、マルコは霊感によって高められて精神の霊気を吹きこむことはせず、無味乾燥に、現実の物事にたいする奇蹟的支配、悪鬼を追い払うとかその種の業について語り、信仰する者はこれらの能力を授かるであろうと述べているが、その述べ方は、行為の魂にふれずに単なる行為のみについて語る人の言葉と同じく、全く客体的な述べ方である。

人間たちの内なる神的なものの発展、人間たちが聖霊に充たされて神と連帯して神の子たちとなり、彼らの全き本質と性格の（彼らの発展した多様性の）調和のなかに生きるという関係（――その調和においては、彼らの多面的意識がただ一つの精神に、多くの生活形態がただ一つの生へ諧和するだけでなく、その調和によって、他の神的な実在にたいする障壁も撤廃されて、同一の生ける精神がさまざまな実在を生かし、したがって彼らは単に相等しいだけではなく合一しており、すなわち、たとえば信仰する者たちとして或る概念、或る普遍的なものに包摂されているのではなく、生によって、愛によって和合しているゆえに、単なる集合ではなくひとつの教団を成している）――人間たちのこの生ける調和、神における彼らの共同体、これをイエスは神の王国と名づけている。――ユダヤ人の言語はイエスに王国という言葉を与えたが、この言葉は人間たちの神的な和合の表現のなかへ、或る異質的なものを持ちこんでくる。なぜなら、この言葉は支配による統一を示し、互いに疎縁なもののあいだでの強制力による統一を示唆しているが、このような意味合いは、純粋な人間的結合――およそ存在しうるもっとも自由なもの――の美しさと神的生命からは、全く遠ざけられなくてはならないからである。神の国というこの理念は、イエスが創始したような宗教の全体を完成し包括する。そしてなお考察すべきことは、この理念が〔人間の〕自然〔的要求〕を完全に満足させるものであるかどうか、あるいはいかなる必要が彼の弟子たちをそれ以上のものへさらに駆り立てたのか、という点である。神の国においては、すべての人が神の内で生活しているという共同性〔の原理〕は、或る概念における共同性ではなくて、愛であり、生ける紐帯であって、これが信仰者たちを和合させている。生の合一のこの感情においては、露骨な敵対関係としてのすべての対立も、また現存する対立関係の統合である法的権利関係も、すべて止揚されているのである。私はあなたがたに一つの新しい誡命を授ける、とイエスは告げる。あなたがたは互いに愛し合いなさい。それによって、あなたがたが私の弟子であることを人びとに知らせるようにしなさい。この心の友情を実在として精神として反省的に言い表わしたものが、神的精神なのであり、教団を主宰する神なのである。愛によって互いに交わり合う人間たちの集団〔の理念〕よりも美しい理念があるであろうか。全体として、ひとつなるものとして神の精神であるような全体、個々人はその神の子たちとしてその全体に帰属するということよりも崇高な理念があるであろうか。もしかして、この理念のなかにもまだ十全ではない点があって、そのためにひとつの運命がそのなかで威力を揮うというようなことになったのであろうか。それとも、その運命は、あまりにも美しい志向にたいして、無造作に〔人間の〕自然を超越したことにたいして、狂怒した復讐の神なのでもあろうか。

愛において人間は、もうひとりの人間において自分自身とめぐり合った。そして愛は生の和合であるゆえに、それは分離を前提し、生の発展を、形成された多面性を前提する。そして生が多くの形態を成して躍動すればするほど、それだけ多くの点において生は和合し感知され、愛はそれだけ親密になることができる。愛し合う者たちの交際と感情が多様さを繰りひろげ、愛がますます親密の度を加えるにつれて、愛はそれだけ排他的になり、他の生活形式にたいしてそれだけ無関心になっていく。その喜びは他のあらゆる生と交わり、その生を承認するけれども、そこに何らかの〔排他的〕個体性を感じるやいなや、そこから引きこもっていく。そして人間たちが各自の教養と関心、世界にたいする各自の関係において個別的になり、各人が独得のものを多く具えてくるにつれて、愛はそれだけ狭い範囲に自分を限定して〔広い世界から隔離されて〕いくことになる。そして自分たちの幸福の意識を与え合い、愛が好んでするように幸福の感情を自分たちに与え合うためには、愛が自分を隔離するだけでなく、敵対関係をさえ作りだすことが必要になる。したがって、多数の人びとが互いに実感し合える愛には、一定程度までの強度や親密度しか許されず、〔そのほかに〕精神、関心、多くの境遇の同等性が必要であり、個人差の減少が必要である。しかし、生のこの共通性、精神のこの類似性は愛ではないのであるから、それは明確に印づけられた特定の表現によってしか自覚されることができない。認識における一致とか、同じ見解における一致とかいうことは、問題にならない。多数の人びとの連帯は同じ生活の必要にもとづくのであって、それは共通でありうる対象において表現され、それらの物事に関して生じうる境遇において、またそのための共同の努力において、共同の活動や行動においてて表現されるのである。その連帯は、共同の所有や享受、また相等しい教養にかかわる幾千という対象に結びつき、そこで互いに認知されることができる。おびただしい同じ目的、生活必需の全範囲が、協同の活動の対象となりうるし、この活動のなかで同じ精神が表現される。そしてこの共同の精神は、喜びと遊戯において自分自身を享受して、休日にも互いに認知し合い、その和合を喜び合って、満足をも得るのである。イエスの友人たちは、イエスの死後に結束して飲食を共にし、彼らの兄弟団体のうちには、すべての財産権を互いに撤廃し合ったものもいくつかあったし、また教団にたいする豊富な布施や寄付の形で、財産権を部分的に放棄したものもあった。彼らは集まって、彼らの亡き友人にして師である人について語り合い、共に祈り、互いに信仰と勇気を堅め合っていた。彼らの敵たちは、彼らの団体のなかに婦人共有を行なうものがあると責めたが、彼らはこの非難に相当することを実行するにせよ、それを恥としないにせよ、それだけの勇気と純粋さを具えてはいなかった。多くの仲間は団体をなして遍歴に出て、彼らの信仰と希望を他の国民たちに分ち与えようとした。そしてこれがキリスト教団の唯一の行事であったゆえに、改宗勧説はこの教団にとって本質的な特性であった。しかし、このように共同に享受し、祈り、食い、喜び、信仰し、希望するよりほかには、信仰の弘布と礼拝の共同性の拡大のためのこの唯一の活動のほかには、客体性の膨大な領域がまだ残っていて、これがきわめて多面的な範囲と巨大な勢力をもつ運命を惹起し、多様な活動に向かって呼びかけていた。愛の課題において、教団はもっとも親密な和合以外のあらゆる和合を、最高の精神以外のあらゆる精神を侮蔑する。普遍的な人間愛という華美な理念は教団の志向ではなかったから、その理念の不自然さや浮薄さは論外とするが、教団は愛そのものを越え出ることはできなかった。共同の信仰のつながりと、この共同性をそれに関する宗教的行事で表現すること以外には、何らかの客体的な物事におけるいかなる連帯も、何らかの目的、生の他の側面の発展、何らかの共同の活動へのいかなる結合も、信仰の弘布よりほかの何事かに協力して、生の他の諸様態と部分的諸形態のなかで遊戯において自己を表現し享受する精神も——、すべて教団には無縁なことである。教団はこのような精神のうちに自分を認めず、〔そのような活動においては〕彼らの唯一の精神である愛を怠り、彼らの神に背くことになったであろう。それに、〔そのような活動に従事すれば〕教団は愛を見棄てるだけでなく、進んで愛を滅ぼすことにもなったであろう。なぜなら教団の成員たちは、〔そのような目的のもとでは〕各自の個性によって互いに衝突する危険に陥ったであろう。そして彼らの教養がさまざまであり、したがって彼らの多様な性格の領域、彼らの多様な運命の支配下に引きこまれ、なにか些細なことに関する利害や卑小な事柄における区々たる差別にかまけて、愛が憎しみへ錯倒し、神からの離叛が生じたであろうから、その衝突はいよいよ多くなっていたであろう。この危険は、ただ無為で未発展な愛によって、最高の生としての愛を躍動させないことによって、辛うじて遠ざけられるのである。こうして、愛の及ぶ範囲の不自然な拡張は、ひとつの矛盾に捲きこまれ、誤った運動に引き入れられ、これがやがてもっとも怖るべき受動的もしくは能動的ファナティズムの父とならざるをえなかった。このように愛をただ純粋な愛だけに限定して、たとえその精神がそれらのなかに息づき、あるいはその精神から発源したような形態であっても、愛があらゆる形態から逃避し、すべての運命から遠ざかっていること——、このことこそ、まさに愛の最大の運命なのであり、そしてこれこそ、イエスが運命と——しかももっとも崇高なありさまで——連累し、そしてその運命のもとで苦悩する点なのである。

# 第五章　イエスの運命

世故にたけた人びとからは夢想者よと呼ばれる、神に酔える人の勇気と信仰とを抱いて、イエスはユダヤ民族のあいだに登場した。彼は全く新しく独自の精神をもって登場し、そして世界はそのあるべき相において彼の眼前に開かれていた。こうして彼自身が世界に向かってもった最初の交渉は、その改新へと世界を呼び起こすことであり、彼はまず万人に向かって――「悔い改めよ、神の国は近づいた」と呼びかけたのである。もしもユダヤ人たちの内に生の火花が眠っていたとすれば、それはひと吹きの風さえあれば焔となって燃えさかり、彼らの卑小な名目や言い分をたちまち焼き払ってしまったことであろう。もしも彼らの不安や現状不満のうちに、いっそう純粋なものへの欲求がひそんでいたとしたら、イエスの呼びかけはただちに信仰を得て、この信仰はその瞬間に、信じられたものを実現させたことであろう。彼らの信仰によって、神の国は現前していたことであろう。もしそうであれば、イエスの言葉も実は、彼らの心情の内に未展開のまま無意識にひそんでいたものを、ただ明言をもって彼らに告げ知らせたものにほかならなかったであろう。そしてその適切な言葉を言い当て、〔彼らの〕欲求を意識にのぼせるだけで、〔彼らを束縛していた旧来の〕拘束は脱落し、旧来の運命は、死にひんする〔古い〕生命の震えをわずかに残すだけで、新しきものはすでに現実となっていたことであろう。ところが実際には、ユダヤ人は従来の事態とは異なる状態を望みこそしたが、彼らの隷従を誇りにして自己満足に耽るあまり、イエスが呈示したもののなかに、彼らが求めるものを見いだすことはできなかったのである。彼らの反応、イエスの呼びかけにたいして彼らの精神が示した応答は、すこぶる不純な注目であった。ごく少数の純粋な魂の持主たちが、教化を受けようとする衝動にかられて、イエスの運動に参加しただけである。ところが、純粋な夢想家の大きな善意と信仰をもって、イエスは彼らの願望をすでに心情の満足と受けとり、彼らの衝動をすでに完成とみなし、たいていは見ばえのしないものであった彼らの従来の境遇の放棄を、すでに〔彼らの〕自由〔の表現〕とみなし、それによって彼らの運命はすでに癒され克服されたのだと信じた。というのは、彼らと面識を得てまもなく、彼は彼らとその国民が、神の国のいっそう広汎な宣教の授受に耐えるほどすでに成熟しているとみなして、彼の呼びかけを幾層倍にも増して鳴りひびかせるために、彼の弟子を数人ずつの組に分けて国内各所に派遣したのである。しかしながら、彼らの説教の言葉には神的な精神がこもっていなかったし、彼らは比較的長期の〔イエスとの〕交わりのあとでさえも、卑小で、少なくも純化されていない魂をうかがわせることが実にしばしばであった。彼らの魂の琴線は、まだわずかしか神的なものにふれていなかったのである。彼らの教示にしても、それに含まれる否定的内容を別にすれば、せいぜい神の国の接近を予告することにつきていた。彼らはまもなくまたイエスの身辺に集まってきたが、そこにイエスの希望と彼らの宣教との効果は全く認めることができない。彼の呼びかけに接した〔ユダヤ人の〕無関心さは、まもなく彼にたいする憎悪に転じた。そしてそれがイエスに与えた効果は、その時代と民族にたいして彼の内に次第にこみ上げてくる憤激であり、とりわけ彼の民族の精神をもっとも強烈に宿していた人びと、すなわちパリサイ人と民族の指導者たちにたいする憤激であった。これらの人びとにたいするイエスの語調をみればわかるように、それは彼らと和解して彼らの精神になにほどかの感化を与えようとする試みではなく、彼らにたいする憤激のきわめて強烈な噴出であり、彼に敵対する彼らの精神を暴露しようとする行為である。イエスはこの精神にたいしては、回心の可能性さえ信せずに行動している。彼らの根本性格がイエスに抵抗したのであるから、彼らと宗教的問題について語るような機会にも、彼は反駁や教示を念頭におくことはできなかった。彼はただ対人攻撃（argumenta ad hominem）によって彼らを沈黙させるだけであり、彼らに対立する真理を告げるときには、彼は彼らのほかに居合わせた他の人びとに向かって語る。弟子たちが彼のもとへ帰ってきたのちのことと思われるが（マタイ一一章）、彼はついに彼の民族に諦めをつけ、神はただ素朴な人間たちにのみおのれを啓示し給うのだと感じた（同25節）。それ以後、彼は少数の個々人にのみ彼の教化活動の範囲を限定した。そして彼は民族の運命から自分を絶縁し、そこから自分の友人たちを奪い取ってきて、民族の運命には手をつけずに放置するようになる。世界が改まったのを見届けないかぎり、彼は世界から、そして世界とのすべての連帯から身を退くようになる。彼の民族の全運命と衝突するかぎり、その振舞いが彼の心にそぐわないようにみえるときにも、彼はその運命にたいして受動的な態度に終始している。ユダヤ人はローマ人に貢納しなくてはならないという彼らの運命の一側面を、彼らがイエスに向かって話題にのぼせたとき、彼は「カエサルのものはカエサルに返せ」と述べた。そして彼と彼の友人たちがユダヤ人に課せられていた貢物をも支払うということが不条理のように思えたときにも、彼は反感の種をまくことを避けて、ペテロにその支払を言い付けたのである。彼は〔ローマ〕国家とは、その裁判管轄圏内に居住しているという関係をもっていたにすぎず、そしてこの権力に服することの帰結にたいしては、彼は精神の反撥を抑えて、あえて苦悩しながら服従していた。たしかに神の国はこの世のものではない。しかしながらその神の国にとっては、これに対立してこの世界が現存しているか、それとも実在せずに可能性にとどまっているかは、大きな差異である。ところが事実は前者なのであり、イエスはそれを意識しつつ国家の〔支配の〕もとで苦悩していたのであるから、この国家への関係とともに、それだけで神の国の成員にとっては、生ける和合の大きな側面、その重要な紐帯が断ち切られたことになる。美の絆の否定的性格である自由の一部が、おびただしい活動的関係、生き生きとした交際が、それによって失われたことになる。神の国の国民たちは、敵対的な国家に対立して、そこから自分を隔離する私人となったのである。もっとも、生のこのような制限は、生に加えられる掠奪というよりも、もともと自由に放棄されうる外的事物にたいして外来の支配的威力が加える権力として立ち現われてくる。とくに国民的体制秩序が主として財産にかかわるものである場合、かつてそのような〔国家的〕和合のなかで活動したことがなく、かつてこのような連帯と自由を享受したことがない人びとにとっては、むしろそのような外観が表立ってくるのである。こうして多数の人間関係や、快活で美しい連帯の多様性は多く失われるが、その分は孤立した個々人や狭量な特異性の意識の増大によって補償される。神の国の理念からは、国家にもとづくすべての〔社会〕関係は、神的な連帯の生ける関係よりもかぎりなく低い次元のものとして、この連帯からは軽蔑されるよりほかはないものとして、たしかに排除されている。けれども国家が現に存在していて、イエスや教団はそれを廃絶することができなかったのであるから、イエスの運命は——そしてこの点で彼に忠実に従った教団の運命は——やはり自由の喪失、生の制限であり、外来の勢力の支配下での受動性〔を甘受するという運命〕であることに変わりはない。彼らはその勢力を侮蔑していたが、その勢力はイエスがその支配下で必要としたわずかなものを——彼の民族のあいだでの生活を——彼に無条件に許容していたのである。——生のこの側面は、実は生というよりもむしろ生の可能性としか言えないものであるが、その範囲外〔すなわち非政治的社会生活の範囲内〕ではユダヤ的精神が生のあらゆる様態を略取していただけでなく、これらの様態において〔いわば〕国家の法律〔にかわるもの〕にのし上がり、〔人間的〕自然のもっとも純粋な、もっとも直接的な諸形態をも歪めて、特定の律法的規制と化していた。神の国においては、もっともひたむきな愛と、したがって最高の自由から湧きでる関係以外の関係はありえない。そしてこれらの関係は、その出現の形態と世界にたいする交渉とを、ひとえに美から受けとるものなのである。ところが、生がすでに汚されていたために、イエスは神の国をただ心情の内面に抱くのみで、人間たちとの関わりに入るにしても、それは彼らを教養し、彼らの内に宿っていると信じた善い精神を育成せんがためであり、やがて彼の世界の一員となりうるような人びとをまず創造せんがためにすぎなかった。けれども彼の現実の世界においては、彼はすべての生ける関係から逃避せねばならなかった。なぜなら、それらの関係がすべて死の掟に支配されており、人間たちはユダヤ的なるものの圧制下に捉えられていたからである。双方の側から自由な〔対等の〕人間関係に入るならば、イエスは律法づくめのユダヤ的生活組織との連帯に立ち入ることになったであろうし、そうなれば、いったん取り結んだ関係を汚したり引き裂いたりしないためには、そのしがらみに捲きこまれていかざるをえなかったであろう。こうして彼は、生のあらゆる様態が束縛されていたので、自由を空虚のなかにしか見いだすことができなかった。それゆえにイエスは彼の母や兄弟縁者たちから遊離したのである。彼は女を愛して子供を産ませるわけにはいかなかったし、他の人びととの共同生活を享受しうるような家父長となり、市民仲間となるわけにはいかなかった。イエスの運命は、彼の民族の運命を蒙ることであり、すなわち、ひとつには、それを彼の運命として民族の必然性を担い、その享楽を分ち合い、彼の精神を彼らの精神と合一させるか、それとも、彼の民族の運命を自分から突き離すか、この二つのうちの一つであった。前の場合には、彼の美しさ、彼と神的なるものとの連帯を犠牲に供することになり、後の場合には、彼自身の内なる生をみずから発展させることも享受することもなく内面に保つことになる。いずれの場合にも〔彼の本然の〕自然を充たすことはできなかった。すなわち前の場合には、ただ自然のいくつかの断片を、それも不純な形で感受することになり、また後の場合には、自然を十全な姿で意識にのぼせはするが、その形態をただ輝かしい影絵（――それの本質こそ最高の真理であるが――）として認知するだけで、それを感受し、すなわち現実行為においてそれを発揮することを断念することになる。イエスはこの第二の運命を選び、彼の自然と世界との分離を望み、そして同じことを彼の友人たちにも求めて、「父や母、息子や娘を私よりも深く愛する者は、私の同行者たる資格がない」と告げたのである。しかしこの分離を深く感ずるにつれて、彼はいよいよそれに平静に耐えることができなくなり、彼の活動は世界にたいする彼の自然の果敢な反応となった。そして彼が運命をその全範囲にわたって認識してそれを自分に対立させていたのであるから、彼の闘争は純粋で崇高なものであった。〔世界の〕頽廃にたいする彼の抵抗と、彼が創始した教団の抵抗は、この〔世の〕頽廃をそれ自身の——そしてまだこの頽廃にとらわれずにいる精神の——意識にのぼせて、その運命をそれ自身に離叛させざるをえなかった。たしかに、純粋なものが不純なものと交える戦いは、みるだに崇高な光景であるが、しかしその神聖なものが神聖ならぬ人びとによってさえ受け入れられ、両者の混淆がみずからは純粋であるという思い上がりをもつにいたり、みずからはまだ運命のもとに捉えられておりながら、その運命にたいして激昂するときには、その闘争はたちまち凄惨な光景に一変するのである。イエスはそこに惹き起こされる分裂の凄絶さを予見していた。私は地上に平和をもたらしに来たのではなく、剣をもたらしに来たのであり、私は息子をその父に背かせ、娘をその母に背かせ、嫁をその舅に背かせるために来たのだと、彼は告げた。部分的には運命から絶交しながらも、部分的にはまだその運命と連帯している者たちは、この混淆を意識しているにせよ、意識していないにせよ、それだけ自分と自然とを残虐に引き裂かざるをえず、そして不自然なものにたいする彼らの攻撃は、同時に自然にも打撃を加え、薬草は雑草とともに踏みしだかれ、自然のもっとも聖なるものも、神聖ならぬものと織り合わされているゆえに傷つけられざるをえない。このような結果をあらかじめ思い浮かべながらも、イエスは彼の活動を差し控えて、世界がその運命に見舞われないようにしたり、世界の断末魔の苦しみを和らげ、没落する世界がみずからの負い目のなさを安んじて信じるままに放置するというようなことは、もうとう考えもしなかった。

こうしてイエスの実存は、世界からの絶交であり、そして世界から天上への逃避であった。彼は充たされずに終わる生を理念の世界で再興し、反抗に際会するごとに神を想起して神を仰ぎみた。しかし部分的には、イエスの実存は神的なものの実行であり、そのかぎりでは運命との闘争であった。それはひとつには、神の国を弘布する戦いであり、神の国の現示によって世界の王国全体はおのずから崩壊し消滅していた。またひとつには、その闘争はたまたま彼に衝突した運命の個別的部分にたいする直接反撃の戦いであった――このほかに、直接に国家として姿を現わしてイエスの内でも意識にのぼっていた運命の部分にたいする態度があるが、この部分にたいしては〔前述のとおり〕彼は受動的に振舞っていたのである。

イエスの運命は、そのまま彼の教団の運命と同じではなかった。というのは、教団は比較的多くの人びとから成り、彼らは〔イエスと〕同じように世界からの分離状態で生きていたにしても、めいめいの成員は幾人かの同志を見いだし、互いに団結していたので、現実のなかでは世界からある程度の距離を取って生活することができた。そうなれば世界との出会いや反撥は〔イエスの場合よりも〕少なくなるので、彼らは世界からさほど刺激を受けず、闘争という否定的活動のなかで生きることがいくらか稀になったのである。そして積極的生活への欲求は、彼らにおいて〔イエスの場合よりも〕増大せざるをえなかった。なぜなら、消極的なものにおける共同性は、いかなる享受をも与えず、いかなる美でもないからである。私有財産の撤廃、共産制の導入、共同の会食などは、どちらかといえば結合における消極的なものに属しているので、積極的和合というものではない。彼らの連帯の本質は、人間たちからの隔離と相互間の愛であった。この両者は必然的に連関し合っている。この愛は個々人のあいだの和合たるべきではなかったし、そうなることもできないものであった。それは神における和合であり、ただ神のみにおける和合となるべきものであった。そして信仰において和合するものは、或る現実世界を自分たちに対立させ、そこから自分たちを隔離する者たちのみであった。こうしてこの〔世界にたいする〕対立関係は固定され、結束の原理の本質的要素となった。そしてこの愛は、どこまでも愛の——神への信仰の——形態を保持して、みずから生にとけこんで生の諸形態のなかで具現されるにはいたらないものでなければならなかった。なぜなら、生のいかなる形態も、悟性にとってはその客体となり、現実的なものとして対立的に把えられるからである。こうして世界にたいする態度は、それとの接触にたいする不安、あらゆる生の形態にたいする怖れとならざるをえなかった。なぜなら、いかなる生の形態のなかにも、それが形態を具え、ただ全体の一側面にすぎないゆえに、その欠け目を指摘することができ、この欠陥は世界への参加〔に由来するもの〕だとされるからである。

このようにして教団の結束は運命との和解を得なかったが、それはユダヤ的精神という極端にたいする反対の極端であり、この両極を美において和解させる中庸ではなかった。ユダヤ的精神は自然のさまざまな様態、生の諸関係を、〔客体的な〕現実へと固定していたが、しかしそれらを支配者の恵与とみなして、それらの卑小さを恥じることがなかっただけでない。むしろユダヤ的精神の誇りと生とは、まさにこれらの現実の事物を所有することにあったのである。〔これにくらべると〕キリスト教団の精神もやはり、発展し具現される生のあらゆる関係を個々の現実とみなしていたのであるが、しかし愛の感情としてのこの精神は、客体性を最大の敵としていたので、この精神もユダヤ的精神におとらず貧寒であった。ただ、それはユダヤ的精神が奉仕の眼目とした富を、逆に侮蔑していたのである。

生を侮蔑する夢想は、きわめて容易に狂信へ移行しうるものである。なぜなら、それは自分の没交渉的存在を維持せんがために、自分を害するもの、そしてそれ自体はもっとも純粋なものであっても自分にとっては不純なものを破壊せざるをえず、それの内容を——しばしばもっとも美しい人間関係をも——傷つけざるをえないからである。後世の夢想者たちは、生のあらゆる形態が不純になっているからといって、これらの形態の侮蔑を推しすすめて、ついに無条件な空虚な形態忌避にいたり、自然の衝動が外的形態を求めるというだけの理由で、いかなる自然の衝動にも戦争を宣言した。そして人びとの心情の内に多様性の桎梏がまだ牢固として根ざしていればいるほど、このような自己殺害の試み、空虚な統一へのこのような固執のもたらす結果は、いよいよ怖るべきものとなった。なぜなら、彼らの内には限定された形態の意識しかなかったのであるから、彼らにとっては残虐と劫掠によって作りだされる虚空への逃避よりほかの道は残されていなかったからである。——しかし世界の運命があまりにも大きくなり、この運命と両立しえない教会の傍らに、またこの教会の内部にも、その運命が及んできたときには、もはや逃避の余地もなくなっていた。そこで自然にたいする大偽善者たちは、世界の多様性と生命なき統一との反自然的な結合を、すべての有限な律法的な関係や人間的徳行と単純な精神との反自然的な結合を、見つけだし保持しようと試みた。彼らはひとつひとつの市民的行動、ひとつひとつの快楽と欲望の表現のために、統一における逃げ場を工夫し、このような詐欺によって、あらゆる制限を保持し享受すると同時にそれらの限定から免れようとしたのである。

イエスはユダヤ人たちと共に生きることをいさぎよしとせず、しかも同時に彼の理想によってたえず彼らの現実を攻撃したので、勢いの赴くところ、彼は彼らのあいだで敗北せざるをえなかった。彼はこのような自分の運命の進行を回避しなかったが、もとよりみずからそれを求めたというわけでもなかった。自分本位の夢想に耽っている人にとっては、死は歓迎すべきことであるが、偉大な計画に献身する夢想者は、本来その計画が展開されるはずであった舞台を、悲痛な想いをもって立ち去るほかはない。イエスは彼の計画がきっと無駄にはならないであろうと信じて、安んじて死んだのである。

# 第六章　キリスト教団の運命

キリスト教団の運命の消極的側面は、生のさまざまな様態を固定的な規定に化し、こうしてそれらとの交渉を犯罪視する反世間的態度であるが、これに対応する積極的側面は、愛の結束である。愛が全教団に拡張されるにつれて、教団の性格には新しい要素が加わってきて、愛はもはや個人たちのあいだの生ける和合ではなくなり、愛の享受は、互いに愛し合っているという相互意識の水準に限定されるようになる。――充たされない生への逃避から起こる運命喪失は、教団の成員にとっては、ある意味で容易なことであった。というのは、彼らは生のあらゆる形態〔の遂行〕を抑制し合う教団を成しており、あるいはこれらの形態をただ普遍的な愛の精神によって規定するのみで、これらの形態のなかで〔具体的に〕生活することがなかったからである。――この愛は或る神的な精神であるが、しかしまだ宗教ではない。それが宗教となるようにするには、愛は同時に或る客体的な形態で表現されなくてはならなかった。ひとつの感情であり、或る主体的なものである愛は、表象されたもの・普遍的なものと融合して、礼拝に値する神々しい実在としての形態を帯びなくてはならなかった。このように主体的なものと客体的なものを和合させる必要――感情とその対象を求める要求を悟性と結びつけ、これらを想像力によって或る美しきもの・或る神において和合させる必要——、この人間精神の最高の必要こそ、宗教への衝動なのである。キリスト教団を駆り立てていたこの衝動を、神への信仰は充たすことができなかった。なぜなら彼らの神のなかには、ただ彼らのみに共同の感情が見いだされるにすぎなかったからである。世界の神においては、生きとし生けるすべてのものが和合しているが、教団の成員は、この資格ではこの神のなかで和合しておらず、彼らの調和は全体の調和ではない。仮にそうであったとすれば、彼らはなにも特殊な教団を結成せず、彼らが愛によって相互に結束していることもないであろう。世界の神性は、彼らの愛、彼らの神的なものの表現ではないのである。〔たしかに〕宗教を求めるイエスの要求は、全体の神において充たされていた。なぜなら彼がその神を仰ぎみることは、彼がたえまなく世界と衝突する一歩一歩であり、彼の世界逃避であった。彼はただ世界に対立する者のみを必要とし、〔世界にたいする〕彼の対立関係そのものも、その者に根ざしていた。それは彼の父であり、彼は父と一体のものであった。しかしながら彼の教団においては、ともすれば世界との不断の衝突が稀になり、教団は世界にたいする活動的闘争なしに生き、その点からみると、たえず世界にたいして苛立つ必要もなく、ひたすら〔世界と〕対立する者・神へ逃避する必要もなく、むしろ彼らの教団・彼らの愛のなかに或る享受を、或る実質的なものを、或る種の生ける人間関係を得ていたのであるから、そのかぎりでは幸福だったのである。それにしても、いかなる関係も関係する相手に対立しており、感情はまだ現実〔生活〕を——あるいはその現実の能力として主体的に言い表わせば、悟性を——自分に対立するものとみなしてこれに対峙しているのであるから、それの欠陥は両者〔感情と悟性〕を和合させるものにおいて補完されなくてはならないのである。教団も或る神を必要とするが、その神は教団の神であり、その神においてはまさに排他的な愛が——彼らの性格、彼ら〔成員間〕の相互関係が——表現されていなければならない。それは象徴やアレゴリーではなく、或る主体的なものの人格化ではない。（そのようなものにおいては、その主体的な感情とそれを表現する形態との分離が〔あらかじめ〕意識されているはずであろう。）そうではなくて、同時に心情の内にある神、感情であるとともに対象である神が求められるのであり、ひとりひとりはめいめいの感情を自分個人の感情として意識しながらも、同時にすべての人びとを吹き抜けながら同一の実在である精神としての感情を求めているのである。

このような愛の集団——すべての特殊的なものに関する自分の権利を互いに放棄し、ひたすら共同の信仰と希望によって和合し、その享楽と歓楽がもっぱらこの純粋な愛の諧調であるような心情の持主たちの集団——、それは小さな神の王国であるが、しかし彼らの愛は宗教ではない。なぜなら、人間たちの親睦と愛は、同時にこの親睦の表現を含んではいないからである。愛は彼らを和合させるけれども、愛される者たちはこの和合を認識しておらず、そしてなにかを認識する場合には、彼らは個々別々のものごと〔のみ〕を認識しているのである。神的なものが出現するようにするには、不可視的な神が可視的なものと和合させられていなくてはならず、認識も感情もすべてがひとつに融け合って、完全な綜合・完成された調和が存在し、調和と調和されるものとが一体のものになっていなくてはならない。さもなければ、〔人間の〕可分的な自然の全体との関係において、ひとつの衝動が〔充たされずに〕残る。それは、世界の無限性からみれば小さすぎる衝動であるが、世界の客体性からみれば大きすぎて充たされえない衝動である。こうしてそこに、神を求める打ち消しがたい衝動が充たされずに残るのである。

イエスの死後、使徒たちは羊飼いのいなくなった羊群のようであった。彼らは一人の友人に死なれたのであるが、彼らはまたイエスこそはイスラエルの民を解放する王であろうと希望していたのである（ルカ二四の21）。そしてこの希望は彼の死で空しくなった。彼はすべてを墓の中へもっていってしまった。彼の精神は彼らの内に残っていなかった。――彼らの宗教、純粋な生へ寄せる彼らの信仰は、イエス個人によりかかっていた。彼こそは彼らの生ける紐帯であり、啓示された有形の神的なるものであった。彼において神がじっさい彼らに現われていたのであり、イエス個人が彼らにとって、調和を成り立たせる無規定的なもの〔神的なもの〕と規定されたもの〔人間的なもの〕とを、ひとりの生けるものにおいて和合させていたのである。ところが彼の死とともに彼らは、可視的なものと不可視なもの、精神と現実的なものとの分離状況へ投げ返された。なるほど、この神的な存在への回想は、いまや彼らから遠く離れた存在への回想としては、彼らに残されていたであろう。彼の死が彼らにたいしてふるった圧倒的な力は、彼らの内で時とともに衰え、故人は単なる死人のままではとどまらず、腐敗する遺体にたいする悲愁は、やがて次第に故人の神性の直観に席を譲ったことであろう。そして彼の墓の中から、不滅の精神といっそう純粋な人間性の像が彼らの心に現われ出てきたであろう。しかしながら、この精神の崇拝、この像を直観する享受の傍らには、この像の現実生活への回想が立っていて、この崇高な精神はその消滅した生存とどこまでも対立をなしていたであろう。そしてそれが想像力に現前するとき、その像はひとつの憧憬と結びつき、これがただ宗教の必要を指示していたであろう。しかし教団はまだ固有の神をもたずにいたであろう。

その像が美しく神的であるというためには、それには生が欠けていた。他方で、愛の共同体における神的なるもの・この生には、像と形姿が欠けていた。けれども蘇生して昇天した者において、像は再び生を見いだし、愛はその親睦の表現を見いだした。このように精神と身体が再び結婚するとき、生ける者と死せる者との対立は消え去っており、両者は一つの神において和合したのである。愛の憧憬は自分自身を生ける者として見いだし、いまや自己自身を享受することができるようになる。この生ける存在の崇拝が、教団の宗教となるのである。宗教の必要は、この復活したイエス、この有形の愛において満足を得る。イエスの復活をひとつの事件とみなす見方は、歴史研究者の観点であって、宗教とは無縁なものである。単なる現実としての復活を、宗教の関心なしに信ずるとか信じないとかいうのは、悟性の問題であって、この悟性のはたらき――客体性の固定――こそ、むしろ宗教の死であり、悟性を典拠にすることは、むしろ宗教を捨象することとなるのである。しかしそれにしても、神の客体的側面は単に愛の形姿であるだけでなく、独自に存在し、一個の現実として多様な現実の世界のなかで場所を占めているのであるから、悟性にもそれなりの発言権はあるようにみえる。そして、復活したイエスの宗教的側面、すなわち形姿ある愛を、その美しさにおいて把握することがむずかしいのは、このためなのである。というのは、イエスは或る神格化を経てはじめて神となったのであり、彼の神性は、一個の現実的存在としても現存していた者〔ナザレ人・イエス〕の神格化なのである。彼はかつて人間的個体として生活し、十字架にかけられて死に、そして埋葬されていた。この人間的性質の傷は、神に特有な形姿とは全く異質なものである。たしかに神も客体的性格を帯び形姿を具えているけれども、その客体性は教団を和合させる愛の表現なのであり、その愛の純粋な対象化であるかぎりでのみ客体的であるのにすぎず、それ自身としては――ここでは対象化されたものとしてであるが――愛のうちにあり、同時に感情となるもの以外のものを、何ものも含んでいないのである。ところが実際のイエスの場合には、これと異なって、復活した者の形像、実在となった和合の形像に、なお異質な付加的要素が――完全に客体的で個体的なものが――付け加わっており、これが建て前上、愛と結合し、しかも個体的なもの・対立的なものとしてあくまで悟性にとって固定されることになった。したがってそれは一個の現実となり、これが神格化された者の足にどこまでも鉛のように絡みついて彼を地上へ引き下ろすのである。こうして〔教団にとって〕、神は天上の無限で無際涯なものと、どこまでも有限な事物の集合にすぎない大地との中間に浮動することになったのである。このような、本然の性質の二重性――これを〔教団の人びとは〕心の底からかき消すことはできない。ヘラクレスが火葬の薪を経て半神となったように、神化された者〔イエス・キリスト〕も埋葬を経てはじめて半神の地位に昇った。けれども、ヘラクレスの場合には、もはや苦闘することも苦役に服することもなく、ただ神となった英雄――すなわち形姿ある勇気――のみに神壇が築かれたのに、イエス・キリストの場合には、半神のみに祭壇が捧げられ、祈りが告げられたのではなかった。復活した者のみが罪人《びと》たちの救い主となり彼らの信仰の歓喜をもたらしたのではなく、宣教し遍歴し、そして十字架にかけられた者も、礼拝されるのである。この奇怪な結合こそ、幾世紀以来、何百万という神を求める人びとの魂がそれについて格闘し自虐してきたパラドクスなのである。

　宗教を求める衝動に躓きを与えたのは、〔イエスが生前にまとっていた〕卑しい僕の姿が神的なものの外被とされた点にあるのではない。このような現実が単なる外被たることに甘んじて過ぎ去りゆくならば、それはそれでよかったのである。ところが実際には、その外被はあくまでも牢固として神に宿り神にまつわり、神の本質に属し、こうして個体性が礼拝の対象であると説かれることになる。そして埋葬において脱ぎすてられた現実の外被は、墓の中から再び起き上がってきて、復活した神にまつわりついたのである。この現実を求める――教団にとっては不運な――要求は、彼らの精神とその運命に深く連関している。彼らの愛は、あらゆる生の形態をことごとく客体の意識にのぼせて、これらを侮蔑する愛であった。この愛は復活した者のなかでおのれ自身が形姿をとっていることを認知したけれども、しかし復活した者は彼らにとって単なる愛ではなかった。なぜなら、彼らの愛は世界から疎隔され、生のゆたかな展開のなかでも、その美しい交渉や自然的関係の発展のなかでもおのれを表現することがなく、愛はどこまでも愛たるにとどまって生となることは禁じられていたのであるから、愛への相互的信仰を可能にするためには、愛を識別する何らかの認知基準が現存しなくてはならなかった。愛がみずから全面的和合を形成しなかったので、教団を団結させるもうひとつの紐帯、そして人びとが同時に万人の愛の確信をそこに見いだせるような紐帯が必要になった。教団の人びとは、或る現実を目印にして知り合うことが必要になったのである。しかるにこの現実とは、信仰の同一性であり、同一の教えを受け、共通の教師を仰ぐという同一性であった。教団の精神の顕著な一側面は、神的なもの・彼らを和合させるものが、彼らにとって或る所与のものという形姿を帯びているという点である。いったい、精神や生にとっては、与えられたものというものは存在しない。精神が受け容れたものは、精神そのものになったのであり、それは完全に精神のなかへ同化されて、いまや精神の一様態となり、精神の生となっているのである。ところが教団の愛の生命欠如においては、彼らの愛の精神はきわめて貧しく、はなはだしい空虚感を帯びていたので、それは自分に訴えかける精神を十全に自分のうちに——自分のうちに躍如としているのを認識することができず、どこまでもそれに疎縁なままでいた。疎縁な、そして疎縁なものとして感じられている精神との結合は、この精神への依存の意識である。教団の愛は一面では自分自身を飛び越えて、すべての人間たちの集合へ拡散し、それゆえに他面では観念的内容でふくれ上がったが生き生きとした生命を失ってしまったので、充たされることのない愛の理想は、彼らにとって或る実定的なものとなり、彼らはこの理想が自分に対立し、自分がそれに依存しているのを認識した。彼らの精神のなかには師弟関係の意識があり、主であり教師である者〔への依存〕の意識が含まれていた。彼らの精神は、形姿ある愛のなかでは完全には表現されていなかった。教えを受け学ぶ者であり、師よりも低い地位に立っているという、彼らの精神のこの側面は、愛の形象だけでなく、同時に教団に向かい立つひとつの現実がそれに結び付けられてこそ、はじめて愛の形象のなかで表現されえたのである。——この高位の対立せるものは、神が必然的に具えている崇高さ（というのは、個々の人間はこの神にたいして自分がそれと同等であると認知するのではなく、神のなかには統合された万人の全き精神が含まれているのであるから）ではなく、それは或る実定的なもの、客体的なものであり、それのなかには、教団の精神のなかに含まれている依存性の程度に応じて、それだけ異質的なもの、それに応じた支配が含まれているのである。このように、ひとりの教祖によって成立した共同体であるという依存性の共同において、彼らの生のなかには或る歴史的なもの・現実的なものが混入しているという事実のなかに、教団は彼らの実質的な紐帯を見いだし、生命なき愛のなかでは感得しえなかった和合の確実さを認知したのである。

この点こそ、世界とのあらゆる結合のそとで純潔を堅持する愛においてすべての運命を免れえたかにみえた教団が、逆にこの運命のわなに捉えられることになった点である。そしてこの運命の核心は、あらゆる交渉を忌避する愛を一教団〔全体〕へ拡散させたことにあり、そしてその運命は一面では教団そのものの拡大によってますます発展し、他面ではこの拡大をつうじて世界の運命といよいよ多く衝突することになり、そして——無意識に世界の運命の多くの側面を内に取り入れるにつれ、また、世界の運命に反抗するにつれ——ますます不純なものになっていったのである。

その神的ならざる客体的なもののために礼拝も要求されるのであるが、そのようなものは、いかなる栄光につつまれていても、けっして神的なものになることはない。

たしかに人間イエスも天上的な諸現象にとりまかれており、彼の誕生をめぐって幾多のより高い存在たちがはたらいている。そしてイエス自身はやがて輝かしい光の形姿へ聖化されるのである。けれども、天上的なもののこれらの形態も、現実〔のイエス〕の外面にすぎず、個人〔イエス〕をとりまくより神的な者たちは、この〔現実の人間と天上的な形姿との〕対比をいっそうはなはだしく目だたせる役を演じているだけである。このような一時的な光雲はまだしも、神的なものとみなされて彼自身の内から行なわれた活動にいたっては、彼を昇華させてより高い形姿へ変容させることは全くできない。それらの奇蹟は、単にイエスの身辺に漂っているだけでなく、彼の内なる力から発するのであるから、一見すると神にふさわしい属性として神の特徴を明示するもののようにみえ、これらの奇蹟において神的なものは客体的なものときわめて密接に統合され、こうして〔前述の〕対立項のあいだの不調和な対照や単なる結合はここで脱落しているようにみえる。かの霊異なる験能は人間が成就するものであり、そこでは人間と神的なものは不可分離であるようにみえる。しかしながら、けっして和合となることのない結合が密になればなるほど、結合された対立項の連合の不自然さは、それだけどぎつく目だってくるのである。

　行為としての奇蹟においては原因と結果の連関が悟性に示され、したがって悟性概念の適用領域が一応承認される。しかし同時に、その原因は結果ほど特定のものではなく、或る無限なものだと説かれるために、悟性の領域はやはり破壊される。なぜなら悟性においては、原因と結果の連関は同等に特定な両項のあいだの連関であり、両者の対立関係は、一方の項ではこの特定性が能動として、他方の項では受動としてであるという点にあるにすぎないのに、この〔奇蹟的〕行為においては、それ自体において無限なものが無限に活動しながら、きわめて有限化された結果を生ずるのだと主張されるのである。〔したがって、〕悟性の領域の廃棄が不自然なのではなく、その領域が設定されると同時に廃棄されるということが不自然なのである。ところで、或る無限な原因を定立することが特定の結果の定立と矛盾するように、同様に、無限なもの〔の定立〕は特定の結果〔の定立〕を廃棄する。ところが、悟性の観点からみれば、無限なものとは或る否定的な、無規定なものにすぎず、これに〔奇蹟においては〕或る特定なものが結びつけられるのである。逆に、無限なものを存在するものとみる側からすれば、それは精神の活動であり、そして或る精神の能動の限定は、この能動の否定的側面である。この比較の別の観点からみるときにのみ、その行動は特定のものとして現象しうるのであって、本来、その存在からいえば、その行動は或る限定の廃棄であり、それ自体において無限なものなのである。神がはたらくとき、それは精神から精神へ伝わる活動である。その能動はそれを受ける或る対象の存在を前提するが、しかし精神の活動とは〔特定の〕対象の廃棄なのである。神的なものの発露は、おのれに対立せるものを滅却することによっておのれ自身をその対立者との和合において表現するという発展過程にほかならない。しかるに奇蹟においては、精神が物体に作用するものとして現象する。すなわちその原因は、或る形姿ある精神として――それの形態が単にその対立関係のなかで物体として現象しつつ、その他者と対等に――因果連関に立ち入りうると考えられているのではなく、この〔奇蹟的因果の〕連関は、一方で、物体とは全く無関係なものとしての精神と、他方で、精神と全く無関係なるがゆえに物体である事物と、この両者のあいだの共同関係であると説かれていることにある。けれども、精神と物体とは全く無関係であり、両者は絶対的に対立している。両者の和合においてはその対立関係はなくなるが、その和合は生命であり、すなわち形姿ある精神である。そして、このような精神が神的なもの・不分なものとしてはたらくとき、その活動は親和的なものとの結婚、神的なものとの結婚であり、産出――両者の和合を表現する新たなものの発展――である。しかるに精神が他方の対立せる形態をとって敵対的なもの・支配的なものとしてはたらくならば、精神はおのれの神的性格を忘却したことになる。それゆえに奇蹟は、もっとも不自然なものであり、精神と物体のもっとも不調和な対立をその言語同断な粗野さのままに結合させているので、それはもっとも非神的なものの表現である。神的な活動は合一性を回復し表現するものであるが、奇蹟はもっとも極端な分裂なのである。

してみれば、聖化されて神へ高められたイエスに付帯していた人間的現実が、この現実的なものの奇蹟的行為によって神的な存在へ引き上げられるであろうという期待は、束の間かき立てられただけで、けっして充たされず、それどころか、そのような現実的存在を付加することの不調和を一段と高めるにすぎないのである。もっとも、この不調和の感は、初期のキリスト教団の成員たちにおいては、〔現代のわれわれにおいてよりも〕遙かに少なくてすんだ。というのは、彼らは東方の精神の息吹きを受けて、精神と物体の分離をまださほど完成せず、まだわずかなものを客体として悟性に委ねていたにすぎないのにたいして、われわれは彼らよりも多くの悟性を具えているからである。われわれならば悟性を使って特定の現実、歴史的客体の世界を認知するであろうような状況においても、彼らにとっては精神がはたらいていることが多いし、われわれならば純粋な精神を定立する場面でも、彼らにとってはその精神がまだ物体性を帯びている。この第二の見方の実例は、われわれが不死（しかも魂の不死）と呼んでいるものを彼らが把える形式である。すなわち彼らにとっては、魂の不死は身体の蘇生として現われる。これら双方の見方は、ギリシア精神を中庸とする両極である。前者〔われわれ現代人の見方〕は、ひとつの魂（あらゆる悟性にたいするひとつの否定的なもの）と悟性の客体（死せる物体）とを対立させる理性という極端な立場であり、後者〔ユダヤ人の見方〕は、物体を死せるものとして認めながら、同時にそれを生けるものとして定立する理性のいわば実定的能力ともいうべき極端な立場である。こうして、ギリシア人にとっては身体と魂とがひとつの生ける形姿のなかにとどまっていたのにたいして、両極端においては死は身体と魂との分離であり、そのうち一方の極端においては、魂にとって身体はもはや無であり、他方の極端においては身体が生命なしにもなお存続するものと考えられている。この第二の極端において、われわれならばもっぱら悟性を用いて認識し、そして現実的なもの、――あるいは（同じことであるが、たとえば――）、他人の精神を認識するであろうような状況において、最初のキリスト教徒たちは彼らの精神をそれに混入させる。——ユダヤ人の経典を読むと、そこには幾多の過去の出来事、個別的状況、人間たちの過去の精神、ユダヤ教の儀式で命ぜられていた行為などが見られ、それらの精神、目的、思想はわれわれにとってはもはや〔真実には〕存在せず、もはや真理ではなくなっている。ところが彼らにとっては、これらのことがみな、まだ真理であり精神〔的意味〕をもっていた。ただし、それは彼らの真理であり彼らの彼らの精神なのであって、彼らはそれを客体的なものにしきらずにいたのである。彼らが預言者たちの章句や他のユダヤ教典の箇所に与えている精神は、彼らの考え方からすれば、〔預言者たちからみて〕現実の出来事の予言がそれらに見いだされるという趣旨ではなく、また〔彼らの立場から〕それらの予言を現実に適用するという趣旨でもない。それは現実と精神との中間におぼつかなく形姿なく浮動しているのである。一面からみれば、現実のなかで精神のみが考察されており、他面からみれば、現実そのものがそのままに現われており、しかもそれとして確定されずにいる。一例をあげると、ヨハネ伝〔一二の14以下〕は、イエスが驢馬に乗ってエルサレムに入城したという経緯を述べ、これに因んで、霊感を受けてこのような行進の情景を幻視した預言者の言葉を挙げ、この言葉がイエスの行進において実証されたとみなしている。これについて、ユダヤ教の経典の類似の箇所は、ひとつにはもともと間違って〔原典の語意に反して〕引用されており、ひとつにはその文脈において帯びている意味に反して解釈されており、さらには、〔ヨハネ伝が述べている事実とは〕全く別の現実、すなわち預言者たちと同時代の事態や人間にかかわるものであり、また預言者たちだけが体験した霊感にすぎない——などと指摘してみても、それは、使徒たちがそれらの章句とイエスの生涯の経歴とのあいだに設定する関係の実否にかかわる指摘にすぎないものであって、その関係づけの真理と精神にかかわるものではない。そして預言者たちの実際の言葉や幻視が後世の事実についての先行的表現であることが厳密に客観的に承認されたとしても、その関係の真実さがそれで判明するわけではないのである。キリストの友人たちが預言者たちの幻視とイエスの実歴とのあいだに見いだしている関係の精神は、（われわれが或る情況の描写に昔の文人たちの名文句を借用するときのように）単に状況の類似性の比較にすぎないと解釈するならば、われわれはその迫力を把えそこなうことになるであろう。ヨハネも上に挙げた例について、イエスの友人たちはイエスが聖化され、聖霊が彼らの上に訪れたあとではじめてこの関係を認識したのだと明言している。もしもヨハネがこの関係において、単なる思いつき、相異なる物事の単なる比較をしていたのだとすれば、このような言及は必要ではなかったであろう。しかし事実上は、〔ヨハネの〕精神において、預言者たちのあの幻視とイエスの行為にまつわるこの事情とは一体のものなのであり、そしてその関係はひとえに精神の内にあるのであるから、それを現実的な個別的な出来事のあいだの符合とみなす客観的見方は成立しえなくなるのである。現実的な物事を固定せず、さりとてまた或る無規定なものにもせず、そこに何ら個別的な物事ではなく或る精神的なものを認知するこの精神は、とりわけヨハネ伝第一一章51節にも現われている。そこでヨハネは、民族全体を危険に陥らせるよりは一人の人間を死なせた方がよいというカヤパの格率とその適用にふれて、カヤパはこのことを個人としての立場から言明したのではなく大司祭として預言者的霊感をもって告げた（ἐπροφήτευσεν）という点に注意を促している。われわれならば神の摂理の手段という観点で物事を観ずるであろうような場面で、ヨハネは精神に充たされたものを見たのである。それというのも、イエスとその友人たちの見方の性格は、なによりも、すべてを機械や道具として受けとる観点に対立しており、精神への最高の信仰だったからである。そして人びとが、個別的にはこのように結果の全体をめざす統一の欠けている諸行為の偶然的符合を見て、これらの（カヤパのそれのような）行為がその統一に服従し、統一への関係を自覚せずにそれに支配され領導され、個々の現実と手段としてはたらいているのを目撃するところに、ヨハネは精神の統一を見、この行為そのもののなかで結果全体へ向かう精神がはたらいているのを見る。彼はカヤパその人も、イエスの運命の必然性を宿す精神によって充たされていたと語るのである。

このようにして、使徒たちの心でみれば、われわれにとって奇蹟に含まれる精神と物体の対立が帯びる不調和も、かなり和らげられるわけである。なぜなら、意識に現われてくるものごとからあらゆる精神を引き去って、それらを絶対的に客体的な事物、精神に全く対立する現実へと固定するヨーロッパ人の悟性は、彼らには明らかに欠けていたからである。彼らの認識は、むしろ現実と精神との中間に無規定に浮動しており、この両者をすでに分離してはいるが、まだ取り消しのつかぬほどに分離したわけではなく、さりとて純粋な自然へ融合したわけでもなく、すでに明晰な対立を存しており、これが発展の進むにつれて、生けるものと死せるものとの、神的なものと現実的なものとの組合わせとならざるをえなかった。そしてこの浮動的認識は、聖化されて神となった者に現実のイエスを添えることによって、宗教への最深の衝動にその満足を示唆しはしたが、本当に満足させることなく、この衝動を無限な、消しがたく静めがたい憧憬へ転化させたのである。なぜなら憧憬には、その夢幻の極致においても、最高の愛に息づくもっとも精妙な魂の忘我境においても、どこまでも個体が、或る客体的な個人的なものが対立しており、これらの憧憬する魂の美しい感情のすべての深みは、その個体との和合を求めてあえぐけれども、その和合はまさしくそれが個体であるがゆえに永久に不可能なことだからである。なぜなら、それは彼らにはどこまでも対立し、永久に彼らの意識に〔対象として〕とどまり、そして宗教をけっして完全な生命たらしめないからである。

引きつづく時代の運命のなかで展開されてきたキリスト教のあらゆる形態において、神的なものはただ意識のなかに現存するのみでけっして生のなかに現存すべきものではないという対立関係の根本性格は〔変わることなく〕存続している。それは、生のあらゆる多様性を――そのなかで精神がおのれみずからを享受するような至純の形態をも――拒絶して、神をただ〔対象として〕意識し、したがってただ死においてのみ個別人格の対立関係を放棄しうるような夢想者の忘我的和合から、きわめて多岐な意識の現実性、世界の運命との和合やその運命にたいする神の対立の現実性にいたるまで、変わらずに維持される。そしてこの対立も、カトリック教会におけるように、すべての行動や生活表現においてそれらの対立の隷従性と虚無性を感受してその合法性を買い取ろうとする情緒的対立であるか、あるいはプロテスタント教会においてみられるように、単に多少とも祈念的な思想における神の対立であるか、また二、三の宗派でみられるように、〔人間の〕生を汚辱と犯罪なりとする憎悪する神の対立であるか、あるいは生とその歓びをあくまで恵み深く施した神よりの贈物（――やがてその上方に浮かんでいる精神の形姿が神人とか預言者などの理念において歴史的で客体的な姿で引き入れられてくる単純な現実――）とみなす慈悲の神の対立であるかであるが、いずれにせよ、世界にたいする好意と憎悪と無関心とを多少とも交えた意識の両極のあいだで、――神と世界、神的なものと生との対立関係の範囲内にあるこれらの両極のあいだで、キリスト教会は前向きにも後向きにも循環行程を経歴したのである。が、個別人格的でない生ける美のなかで安らぎを得ることは、教会の本質的な性格に反することなのである。そして、教会と国家、礼拝と生活、篤信と徳行、聖職と世俗とがけっしてひとつに融合しえないということが、教会の運命なのである。

# 解説

長谷川　宏

『キリスト教の精神とその運命』は、一七九七年から一八〇〇年ごろにかけて書かれた未完の草稿である。ヘーゲルは一七七〇年の生まれだから、二十七歳ないし三十歳のころの執筆だ。その時期、ヘーゲルの書いたものは、まだなに一つ公刊されてはいない。

『キリスト教の精神とその運命』も未完のまま手許に置かれ、ヘーゲルの生前は公にされることがなかった。公刊されたのは死後七十六年も経ってのことだ。ヘルマン・ノール編の『若きヘーゲルの神学論集』のなかに、「民族宗教とキリスト教」「イエスの生涯」「キリスト教の実定性」などの論文とともに収録され、広く知られるところとなった。

ヘーゲルは西洋近代を代表する体系的な哲学者だ。世界の全体を大きく視野の下におさめ、歴史を広く遠くさかのぼって壮大な体系を作り上げた。体系的思考の有力な武器となったのが、統一のうちに対立を見、対立のうちに統一を見出そうとする、矛盾を恐れぬ方法——弁証法——だ。生前に刊行された代表作として『精神現象学』があり、『論理学』『法哲学要綱』『エンチクロペディ（哲学の集大成）』がある。

だが、『キリスト教の精神とその運命』を書くヘーゲルは、世界の総体を視野の下に置く体系哲学者ではない。フランス革命を経て国民国家の形成へと向かう隣国の歩みを横目に見つつ、ドイツの後進性に心を痛め、焦立ち、その主因の一つがキリスト教の実定性（権威主義）にあると見て、キリスト教の過去と現在に鋭い批判の目を向ける時代批判家だ。『キリスト教の精神とその運命』は荒けずりの未完の書だが、そのうちに若きヘーゲルの時代批判の情熱ははっきり見てとることができる。

キリスト教の精神と運命を語るその前段として、ヘーゲルはユダヤ教の精神と運命に言及する。暗く苦しげな音色を基調とする第一章がそれだ。

神がすべてを支配している。それがユダヤ教の基本的な世界観だとヘーゲルはとらえる。「〔アブラハムにとって〕絶対的に対立している世界全体は、仮に虚無ではないとすれば、それに疎縁な神によって支えられていた。自然のうちのいかなるものも、神にあずかることなく、すべては神によって支配されていた。世界全体に対立しているもう一方のもの——アブラハム——も、それ自体としてはやはり存在しうるはずもなく、ただ神に支えられてのみ存在するのであった。そして彼は、この神を通じてのみ世界との間接的な関係を保っていたのであり、この間接的な関係は彼が世界とのあいだに

保ちうる唯一の結合関係であった。」（本書一二一―一二三頁）

神がすべてであり、神の創造した世界も神に支配されるユダヤ民族も限りなく無に近い。それがアブラハムやモーゼに率いられた民族の生きる世界の構造だとすれば、隷属と苦難を強いられた民には幸せも安楽も望みようがなかった。ユダヤの民の苛酷きわまる運命を、ヘーゲルはマクベスの運命にたとえる。「ユダヤ民族の悲劇は、ただ嫌悪感をそそるにすぎない。それはマクベスの運命である。それは、みずから自然に離叛し、異形の霊に取りすがってこれらに奉仕し、もって人間的本然の聖なるものをすべて踏みにじり、殺害し、ついにはおのれの神々にさえ見離されて、その信ずるところのもの自体に打ちくだかれざるをえなくなったマクベスの運命なのである。」（本書三四頁）

嫌悪感をそそるだけだといいつつ、ヘーゲルはユダヤ民族の運命をひたと見つめている。若さのもつ力強さだ。が、『旧約聖書』をくりかえし繙《ひもと》いても、そこに現在へとつながる肯定的なものを見つけるのはむずかしかった。後年の『歴史哲学講義』や『宗教哲学講義』では、ユダヤ民族やユダヤ教は肯定面と否定面をともども具えた精神的存在として歴史のうちに位置づけられるが、ここでは、その共同世界も宗教も否定の色のみ濃い隷従のすがたで描かれるほかなかった。

こうしたユダヤ教の精神と真向から対立するものとしてイエス・キリストは登場する。ヘーゲルの草稿は欠失部分があったり、論が飛躍したりして、文脈のたどれない箇所もなくはないが、ユダヤ教とイエスとの対立の構図は、ゆるぎない枠組として設定されている。世界を全一支配する神の下で屈従と苦難を強いられるユダヤ民族にたいして、愛によって神との、世界との、和解が可能となり、和解が実現すれば屈従と苦難の境涯から解放されると説くイエス。そして、イエスの愛の思想にたいして、改めて律法と罰の思想を強く押し出してくるユダヤ教のイデオローグたち。――若きヘーゲルが古代キリスト教史のうちに見出したのは、思想と思想がおのれの全重量をかけてぶつかり合う鮮烈な宗教思想のドラマだった。

律法と罰の宗教と愛の宗教との対立をどう評価するか。近代に立脚するヘーゲルの思想評価は明快この上ない。「愛における和解は、ユダヤ的な服従への復帰ではなく、それからの解放であり、支配を更《あらた》めて承認することではなく、生ける絆（愛の精神、相互信頼の精神）の恢復のなかで起こる支配の止揚である。そしてこの精神は、支配という観点からみれば最高の自由であり、ユダヤ的精神からみれば、もっとも不可解な状態なのである。」（本書八一頁）

が、イエスの「愛における和解」がすぐれた思想であることと、その教えが現実において勝ちを占めることとは別のことだ。すぐれた思想がすぐれたものであることによって多くの人びとの理解を得、賛同を得るほど現実は単純でも明快でもない。現に、すぐれた思想家イエスは、愛の思想を不可解とするユダヤ的精神の激しい非難と攻撃にさらされ、磔刑《たつけい》に処せられている。現実の世界では一敗地に塗《まみ》れたのだ。

そうしたイエスの思想の運命に、現実的に、また思想的に、ヘーゲルは目を凝らす。歴史にたいする熾烈な関心と、渦巻く対立と矛盾を構造的にとらえようとする歴史眼がすでに青年期に育《はぐ》まれていたことを告げる論述だ。思想と現実の狭間で苦闘するイエスのすがたにヘーゲルの目は吸いよせられる。「現実の世界においては、イエスはすべての生ける関係から逃避せねばならなかった。なぜなら、それらの関係がすべて死の掟に支配されており、人間たちはユダヤ的なるものの圧制下に捉えられていたからである。双方の側から自由な〔対等の〕人間関係に入るならば、イエスは律法づくめのユダヤ的生活組織との連帯に立ち入ることになったであろうし、そうなれば、いったん取り結んだ関係を汚したり引き裂いたりしないためには、そのしがらみに捲きこまれていかざるをえなかったであろう。こうして彼は、生のあらゆる様態が束縛されていたので、自由を空虚のなかにしか見いだすことができなかった。それゆえにイエスは彼の母や兄弟縁者たちから遊離したのである。彼は女を愛して子供を産ませるわけにはいかなかったし、他の人びととの共同生活を享受しうるような家父長となり、市民仲間となるわけにはいかなかった。」（本書一三七―一三八頁）

『新的聖書』の物語を血の通った一人の人間の物語として読もうとする姿勢が顕著だ。父も母も兄弟縁者もいる一人の男の頭脳に、時代と鋭く対立する思想が住みつく。男はその思想こそが時代を救い、人びとを救うと考える。が、時代は思想を受けいれない。どころか、強く排撃する。男は悲劇の生を強いられる。悲劇の生を男はどう生きようとし、実際にどう生きたのか。

「イエスの実存は、世界からの絶交であり、そして世界から天上への逃避であった。彼は充たされずに終わる生を理念の世界で再興し、反抗に際会するごとに神を想起して神を仰ぎみた。しかし部分的には、イエスの実存は神的なものの実行であり、そのかぎりでは運命との闘争であった。それはひとつには、神の国を弘布する戦いであり、神の国の現示によって世界の王国全体はおのずから崩壊し消滅していた。またひとつには、その闘争はたまたま彼に衝突した運命の個別的部分にたいする直接反撃の戦いであった。」（本書一三九―一四〇頁）

思想上の優劣ははっきりしている。しかし現実の世界は優なる思想を現実の勝者たらしめない。イエスはおのれの思想を生きるために世界と絶交し、天上へと逃避せざるをえない。その先に十字架上の死が待ちうけているとすれば、その死も受けいれざるをえない。それがイエスにとって愛の思想を生きるということだった。

イエスのそうした生きかたは、ひるがえってイエスの創始したキリスト教の思想に反映せざるをえない。キリスト教の精神がイエスの精神を引き継ぐものとしてあるとすれば、キリスト教の運命はイエスの運命を引き継ぐものとしてあるほかはない。後年のヘーゲルならそこに歴史の必然性を見てとったろう。いまだ歴史の必然性という観念を手中にしない青年ヘーゲルだが、運命といい精神といいうとき、その程度には歴史のつながりを信じていた。イエスの運命は、一人の男の運命として男の死とともにこの世から消え去るのではなく、その男の精神と、さらにはキリスト教の精神と結びつくことによって、やがて世界宗教にまで発展していくキリスト教の運命として歴史上に生きつづけている。若きヘーゲルはそう考えたのだった。

その運命がいまなお悲劇として目の前にある、というのが『キリスト教の精神とその運命』におけるヘーゲルの時代認識だった。草稿はこう結ばれる。「引きつづく時代の運命のなかで展開されてきたキリスト教のあらゆる形態において、神的なものはただ意識のなかに現存するのみでけっして生のなかに現存すべきものではないという対立関係の根本性格は〔変わることなく〕存続している。それは、生のあらゆる多様性を……拒絶して、神をただ意識し、したがってただ死においてのみ個別人格の対立関係を放棄しうるような夢想者の忘我的和合から、きわめて多岐な意識の現実性、世界の運命との和合やその運命にたいする神の対立の現実性にいたるまで、変わらずに維持される。……教会と国家、礼拝と生活、篤信と徳行、聖職と世俗とがけっしてひとつに融合しえないということが、教会の運命なのである。」（本書一六〇―一六一頁）

## 白水iクラシックス発刊にあたって

「この現にあるがままの世界が最善のものであるとすれば、さらに幸福な将来を望むことはできない」。

一七五五年十一月一日、巨大な地震が西ヨーロッパを襲いました。とりわけ、当時繁栄を極めたポルトガルの港湾都市リスボンでは、数次にわたる激震と、それに伴う津波と火災で多くの犠牲者を出しました。

冒頭の言葉は、リスボンの被害に衝撃を受けたヴォルテールの所感です。かれの悲痛な叫びによって、この地震の評価は論争の焦点となり、ここに次なる時代を導く新たな萌芽が顕在化してきました。

白水iクラシックスは、哲学・思想の古典をアーカイブしてゆく叢書です。収録される古典はどれも、ある社会の岐路に可能性として萌し、世代を越え時代を越え、思いがけない枝を伸ばしながら実を結び、そして幾たびも蘇ってきた、いわば思惟の結晶といえるものです。

いま「幸福」と「希望」の根源的再考が求められています。〈i＝わたし〉を取り巻く世界を恢復する一助として、この叢書が資することを願っています。

二〇一二年三月十一日　白水社

細谷貞雄（ほそや・さだお）
一九二〇～九五年。東京大学文学部卒業。東北大学文学部、岡山大学文学部両教授をへて岡山大学名誉教授。専門は現代哲学。主な著書に『若きヘーゲルの研究』（未來社）がある。訳書にハイデッガー『存在と時間』（上・下、ちくま学芸文庫）他。

岡崎英輔（おかざき・えいすけ）
一九四〇年生まれ。東北大学大学院博士課程中退。現在、弘前大学名誉教授。専門はドイツ観念論。主な訳書にレヴィット『ハイデッガー』（共訳、未來社）。

〈白水iクラシックス〉

キリスト教の精神とその運命

二〇二二年六月一五日印刷
二〇二二年七月五日発行

著者　G・W・F・ヘーゲル
訳者©細谷貞雄＋岡崎英輔
装丁　緒方修一
発行者　及川直志
発行所　株式会社白水社
電話　〇三‐三二九一‐七八一一（営業部）七八二一（編集部）
住所　〒一〇一‐〇〇五二　東京都千代田区神田小川町三‐二四
http://www.hakusuisha.co.jp
振替　〇〇一九〇‐五‐三三二二八
印刷所　大日本印刷株式会社
製本所　大日本印刷株式会社



ISBN978-4-560-09606-2

# 革命宗教の起源

アルベール・マチエ
杉本隆司 訳
伊達聖伸 解説

理性の祭典や最高存在の祭典をはじめ異様な「祭り」に興じたフランス大革命。これらの出来事は狂信的なテロルとともに、輝かしい革命の「正史」からの逸脱として片付けていいのか？　（２０１２年７月刊行予定）

ルソー・コレクション

## ルソー・コレクション 起源

ジャン＝ジャック・ルソー
川出良枝 選・解説
原 好男、竹内成明 訳

貧富の差、巧妙な圧制、隷属状態に甘んじる文明人の精神の荒廃。数々の悲惨は、いつ、いかなる経緯で生じたのか？『人間不平等起源論』『言語起源論』を収録。

## ルソー・コレクション 文明

ジャン＝ジャック・ルソー
川出良枝 選・解説
山路 昭、阪上 孝、宮治弘之、浜名優美 訳

震災の被害はどう弁証すればいいのか？『学問芸術論』『政治経済論』『ヴォルテール氏への手紙（摂理に関する手紙）』他を収録。

〈続刊〉
ルソー・コレクション **政治**（「コルシカ憲法草案」「ポーランド統治論」収録）
ルソー・コレクション **孤独**（「孤独な散歩者の夢想」収録）